盐城市哲学社会科学联合会　　　　　　　组织策划

盐城产教融合发展研究中心　　　　　　　负责实施

1. 本书为盐城市社科联合作共建智库研究项目成果；
2. 本书为盐城产教融合发展研究中心研究项目成果。

盐城新能源汽车及配套产业竞争力研究

邵从清 杨 彦 著

燕山大学出版社
·秦皇岛·

图书在版编目（CIP）数据

盐城新能源汽车及配套产业竞争力研究 / 邵从清，杨彦著. —秦皇岛：燕山大学出版社，2023.12

ISBN 978-7-5761-0555-1

Ⅰ. ①盐… Ⅱ. ①邵…②杨… Ⅲ. ①新能源－汽车工业－研究－盐城 Ⅳ. ①F426.471

中国国家版本馆 CIP 数据核字（2023）第 246881 号

盐城新能源汽车及配套产业竞争力研究
YANCHENG XINNENGYUAN QICHE JI PEITAO CHANYE JINGZHENGLI YANJIU

邵从清 杨 彦 著

出 版 人：陈 玉			
责任编辑：朱红波		策划编辑：吴 波	
责任印制：吴 波		封面设计：吴 波	
出版发行：燕山大学出版社		电 话：0335-8387555	
地 址：河北省秦皇岛市河北大街西段 438 号		邮政编码：066004	
印 刷：涿州市般润文化传播有限公司		经 销：全国新华书店	
开 本：710 mm×1000 mm 1/16		印 张：12.75	
版 次：2023 年 12 月第 1 版		印 次：2023 年 12 月第 1 次印刷	
书 号：ISBN 978-7-5761-0555-1		字 数：208 千字	
定 价：50.00 元			

版权所有 侵权必究
如发生印刷、装订质量问题，读者可与出版社联系调换
联系电话：0335-8387718

前　言

汽车产业是推动新一轮科技革命和产业变革的重要力量，是建设制造强国的重要支撑，也是国民经济的重要支柱。新能源汽车是全球汽车产业绿色发展和转型升级的主要方向，也是中国汽车产业高质量发展的战略选择。新能源汽车的发展，对于我国从汽车大国向汽车强国跨越，以及应对气候变化、推动绿色发展具有深远意义。党中央、国务院在全球范围内率先明确了发展新能源汽车的国家战略，抢抓发展先机。在相关部门、地方政府和行业企业的共同努力下，新能源汽车产业发展取得了显著成效，中国连续8年成为全球新能源汽车产销量第一的国家，成为全球汽车产业电动化转型的重要引领者。

盐城市立足于新能源产业发展前沿，积极响应国家新能源汽车发展总体战略，充分发挥汽车制造基础优势，加快布局新能源汽车产业，以高起点构建从整车制造到零部件生产及后市场服务的全产业链条。这一举措将为竞逐绿色低碳发展的新赛道注入全新动能，加速建设绿色低碳发展示范区，并为盐城市经济发展提供强有力的支撑。

本书通过深入研究中国新能源汽车产业转型升级动态，并重点关注盐城地区的发展情况，为读者提供更多关于盐城地区发展新能源汽车产业的借鉴和启示。全书主要分四大部分，共11章内容。

第一部分为机遇篇，包括第一章至第三章的内容。梳理了国内外新能源汽车产业发展的动态与趋势，分析了中国新能源汽车产业发展的机遇与挑战及产业发展的阶段性成就。

第二部分为产业篇，包括第四、第五章的内容。阐述了盐城新能源汽车产业的发展基础、产业链格局及重点企业，对比分析了盐城新能源汽车产业的竞争力，在整车发展、产业布局、应用推广、技术研发和生态建立等方面进行了问题总结，并提出对策建议。

第三部分为人才篇，包括第六、第七章的内容。梳理了盐城新能源汽车产业人才发展状况，分析了产业人才培养过程中的症结与困境，提出重构人才体系的思路与建议。

第四部分为专题篇,包括第八章至第十一章的内容。从产业价值链、招商引资、消费者关注点、充电设施建设等几个侧面对盐城新能源汽车产业发展进行了补充探讨。

目 录

机 遇 篇

第一章 新能源汽车产业发展动态与趋势 2

第一节 国内外新能源汽车产业发展动态 2
第二节 国内外新能源汽车产业发展趋势 8

第二章 中国新能源汽车产业发展的机遇与挑战 12

第一节 中国新能源汽车产业发展的机遇 12
第二节 中国新能源汽车产业发展面临的挑战 14

第三章 中国新能源汽车产业发展现状 19

第一节 中国新能源汽车产业发展演化历程 19
第二节 中国新能源汽车产业链产销量情况 26
第三节 中国新能源汽车产业竞争格局 30

产 业 篇

第四章 盐城新能源汽车产业发展现状 46

第一节 盐城新能源汽车产业发展基础 46
第二节 盐城新能源汽车产业结构及布局 57
第三节 盐城新能源汽车产业竞争力 70

第五章 盐城新能源汽车产业发展困境及对策 77

  第一节 产业发展困境 77

  第二节 产业发展对策建议 82

人 才 篇

第六章 盐城新能源汽车产业人才发展现状 89

  第一节 产业人才现状及需求分析 89

  第二节 院校人才培养 112

第七章 盐城新能源汽车产业人才发展困境及对策 125

  第一节 人才发展问题 125

  第二节 人才发展建议 128

专 题 篇

第八章 新能源汽车产业技术及价值链分析 134

  第一节 新能源汽车产业链技术 134

  第二节 新能源汽车产业价值链 147

第九章 电动化转型升级要求下盐城新能源汽车产业招商引资方向探讨 153

  第一节 盐城新能源汽车产业招商引资现状 153

  第二节 新能源汽车产业招商引资经验做法 155

  第三节 新能源汽车产业招商引资建议 157

第十章 盐城地区私人电动乘用车消费关注点研究 160

  第一节 受访者特征分析 160

  第二节 消费者购车行为影响因素的特征分析 164

  第三节 消费者购车行为影响因素的回归分析 169

第四节　结论与建议 173

第十一章　盐城新能源汽车充电桩建设政府职能对策研究 176

　　第一节　盐城市新能源汽车充电桩建设政府职能现状 176

　　第二节　盐城新能源汽车充电桩建设存在的问题分析 178

　　第三节　盐城充电设施建设中政府职能发挥的对策建议 181

参考文献 184

后记 191

机 遇 篇

随着全球"碳中和"浪潮催生新一轮发展契机，新能源汽车行业迎来重大机遇期。本篇聚焦新能源汽车行业发展的全球政策及趋势，分析我国在抓住机遇、应对挑战中取得的阶段性成就，旨在研究和探讨新能源汽车产业的发展前景，同时也为决策者和业内专家提供富有洞察力的观点，有助于全面了解行业发展态势，为下一步深入探析本地区产业发展提供建议。

第一章　新能源汽车产业发展动态与趋势

第一节　国内外新能源汽车产业发展动态

（一）新能源汽车销量打破新纪录，总体规模不断扩大

2022年，全球新能源汽车（包括纯电动汽车、插电式混合动力电动汽车、燃料电池电动汽车）销量持续大幅增长，全年销售量达1065万辆，同比增长63.6%，市场渗透率达到14%，相较于2021年的8%和2020年的4%有显著提高。2023年，新能源汽车销售量持续强劲，1—7月，全球新能源汽车累计销量达693.7万辆，已经超过2022年全年销量。预计到2023年年底，全球新能源汽车销量将达到1400万辆，同比增长35%，渗透率超过18%。具体见图1.1.1。

中国、欧洲、北美三大市场主导了全球新能源汽车销量。其中，中国再次成为领跑者，2022年全年销量达688万辆，国内市场渗透率达到25.6%，占全球新能源汽车销量的比重达65%，已经超过提出的2025年全国新能源汽车20%渗透率的销售目标。2023年1—7月，国内新能源汽车销量389万辆，同比增长32.5%，市场渗透率达29%，占全球市场份额的56%。在第二大市场欧洲和第三大市场北美，新能源汽车销量在2022年增长率分别超过15%和55%。

在全球三大市场之外的新兴电动汽车市场，印度、泰国和印度尼西亚2022年新能源汽车销量增长2倍之多，总销量达到8万辆。尽管销量普遍较低，但考虑到其基数较小，这一增长仍然令人鼓舞。在印度政府32亿美元激励计划的支持下，电动汽车和零部件制造正在蓬勃发展，该计划吸引了总计83亿美元的投资。泰国和印度尼西亚也在加强其政策支持计划，可能为其他寻求促进电动汽车采用的新兴市场经济体提供宝贵的经验。

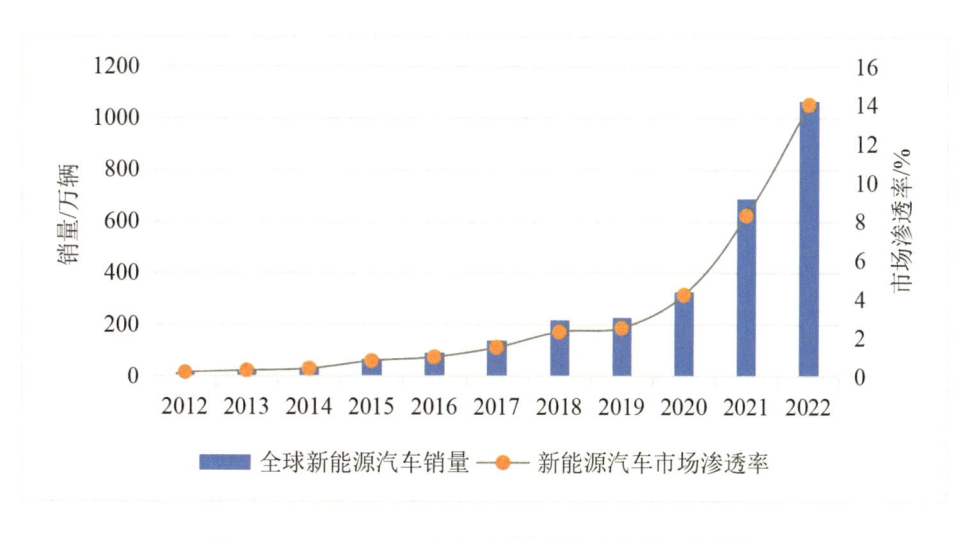

图 1.1.1　2012—2022 年全球新能源汽车销量及渗透率

（二）产品发展多元化，全球代表车型快速涌现

2022 年，全球新能源汽车销售超过 4250 亿美元，同比增长 50%，其中来自政府的消费支出只占 10%，其余 90% 均来自消费者。2022 年，全球在售的新能源乘用车车型超过 450 款，主销车型以纯电动车型为主。其中，纯电动车型约 310 款，插电式混合动力车型约 160 款，燃料电池车型 7 款。分企业来看，比亚迪和特斯拉全年累计销量均超过 100 万辆，其中比亚迪摘得全球销冠，销量高达 184.77 万辆，特斯拉为 131.43 万辆。其次，上汽通用五菱和大众均超过 40 万辆，宝马为 37.27 万辆，奔驰、广汽、上汽、长安、奇瑞、起亚、吉利、现代、东风、沃尔沃十家企业都超过了 20 万辆。分品牌、车型来看，共有 12 款车型累销超过 10 万辆，其中，特斯拉 MODEL Y 全年累计销量高达 77.13 万辆，成为全球最畅销车型；宋（BEV+PHEV）、特斯拉 MODEL 3、宏光 MINIEV 三款车型累计销量均超过 40 万辆；秦 PLUS（BEV+PHEV）超过 30 万辆；汉（BEV+PHEV）、海豚 EV、元 PLUS EV/ATTO 3 三款车型各超过 20 万辆；大众 ID.4、唐（BEV+PHEV）、广汽 AION Y、广汽 AION S 则各超 10 万辆，梯次分布明显，如表 1.1.1 和表 1.1.2 所示。

表 1.1.1　2022 年全球新能源乘用车分企业销量排名

排名	企业	2022年全年销量/万辆	2022年全年份额占比
1	比亚迪	184.7	18.31%
2	特斯拉	131.4	13.02%
3	上汽通用五菱	48.2	4.78%
4	大众	43.3	4.30%
5	宝马	37.3	3.69%
6	奔驰	29.3	2.91%
7	广汽	27.1	2.69%
8	上汽	23.8	2.35%
9	长安	23.7	2.35%
10	奇瑞	23.0	2.29%
11	起亚	22.5	2.23%
12	吉利	22.4	2.23%
13	现代	22.3	2.20%
14	东风	20.5	2.03%
15	沃尔沃	20.3	2.01%
16	奥迪	19.2	1.90%
17	哪吒	14.9	1.48%
18	福特	14.8	1.47%
19	理想	13.4	1.33%
20	标致	13.0	1.29%
	TOP 20合计	755.1	74.87%
	其他	253.5	25.13%
	全球总计	1008.6	100%

表 1.1.2　2022 年全球新能源乘用车分品牌/车型销量排名

排名	品牌/车型	生产企业	全年销量/万辆	全年份额占比
1	特斯拉MODEL Y	特斯拉	77.1	7.64%
2	宋（BEV+PHEV）	比亚迪	47.7	4.73%
3	特斯拉MODEL 3	特斯拉	47.6	4.72%
4	宏光MINIEV	上汽通用五菱	42.4	4.20%
5	秦PLUS（BEV+PHEV）	比亚迪	31.5	3.12%
6	汉（BEV+PHEV）	比亚迪	27.3	2.71%
7	海豚EV	比亚迪	20.6	2.04%
8	元PLUS EV	比亚迪	20.2	2.00%
9	大众ID.4	大众	17.4	1.73%
10	唐（BEV+PHEV）	比亚迪	15.1	1.50%
11	广汽AION Y	广汽	11.9	1.18%
12	广汽AION S	广汽	11.6	1.15%
13	现代IONIQ 5	现代	9.9	0.98%
14	奔奔E-Star	长安	9.7	0.96%
15	QQ冰淇淋	奇瑞	9.6	0.95%
16	小蚂蚁	奇瑞	9.6	0.95%
17	哪吒V	合众新能源	9.6	0.95%
18	Mustang Mach-E	福特	7.9	0.78%
19	理想ONE EREV	理想	7.8	0.77%
20	起亚EV6	起亚	7.8	0.77%
	TOP 20合计		442.3	43.85%
	其他		566.3	56.15%
	全球总计		1008.6	100%

（三）政策不断叠加，助推电动汽车前景达到里程碑

在全球"脱碳"的大背景下，全球各国纷纷发布碳减排目标。根据现有政策估算，道路运输的石油需求预计将在 2025 年左右达到峰值，到 2030 年电动汽车取代的石油量将超过 500 万桶/天，使用电动汽车将减少约 7 亿吨二氧化碳当量的排放。欧、美、日等发达国家和地区已将发展电动汽车作为实现气候目标的重要途径，从战略层面加大新能源汽车的政策支持力度。

1. 欧盟电动汽车相关政策

2020 年以来，欧盟已在《欧洲绿色协议》框架及 2050 年碳中和目标背景下出台一系列低碳发展战略举措，其中覆盖电动汽车、充电和加氢基础设施、电池、氢能及燃料电池等多个新能源汽车相关领域。一是提出零排放汽车及基础设施建设目标。2020 年 12 月，欧盟发布《可持续与智能交通战略》，提出到 2050 年欧盟交通领域碳排放减少 90%的目标，并提出到 2030 年零排放汽车保有量达到 3000 万辆，建成 1000 个加氢站及 300 万个公共充电桩。2021 年 7 月 14 日，欧盟委员会提出了应对气候变化的一揽子实施计划提案，该提案以《欧洲绿色协议》为框架，旨在支持欧盟最终实现 2030 年温室气体排放较 1990 年降低 55%的目标。该计划提案中与电动汽车相关的内容主要包括：提出 2035 年汽车零排放目标、加强充电及加氢基础设施建设、将道路交通纳入碳交易体系。二是提出加强欧盟电池价值链战略自主。欧盟 2020 年 12 月发布新的电池法规草案，对电池供应企业供应链管控、节能降耗以及碳排放等多方面提出了更高要求，在一定程度上形成技术性贸易壁垒。2021 年 1 月，欧盟委员会批准了"欧洲电池创新"项目，为特斯拉、宝马等 42 家公司提供 29 亿欧元的资金支持，并希望额外吸引 90 亿欧元的社会投资。三是推动氢能及燃料电池汽车发展。2020 年 7 月，欧盟委员会提出《氢能战略》，旨在通过投资、监管、市场创新、组建联盟等方式推动清洁氢能发展，同时提出在长途及重型车辆领域推广氢燃料电池汽车。

2. 美国电动汽车相关政策

美国历届政府的执政理念差异导致美国电动汽车政策在不同时期呈现截

然不同的走向。奥巴马政府执政期间，美国对电动汽车的支持力度达到顶峰；特朗普政府上台后对节能环保和电动汽车支持力度大幅下降；而拜登政府上台后将"应对气候变化"作为其执政计划的重点和亮点，宣布美国将于2050年实现碳中和的目标，并将发展电动汽车列为实现其气候计划的重要任务之一。2021年8月5日，拜登总统在白宫签署"关于加强美国在清洁汽车领域领导地位"的总统行政命令，设定2030年零排放汽车占新车销量比例达到50%的目标。为了完成此目标，拜登政府从强化油耗和温室气体排放法规、加大购置电动汽车所得税抵免政策支持力度、投资支持充电基础设施建设、将联邦政府车队车辆全部更换为美产电动汽车、建立安全可靠的动力电池供应链等五个方面推动电动汽车的发展。

3. 日本电动汽车相关政策

日本政府高度重视"节能"，其节能技术闻名世界。推广电动汽车是日本进一步加速汽车节能减排的重要途径。在补贴政策方面，日本政府目前对电动汽车给予购置补贴和充电基础设施建设补贴，每年对补贴政策进行评估，决议当年预算和下一年度政策是否调整。2021年12月，日本政府出台了追加2021年度电动汽车及充电基础设施建设补助金预算以及2022年度继续实施补贴政策的具体方案。该方案从加大电动汽车购置补贴、加大充电基础设施支持力度、支持加氢基础设施建设三个方面推动日本新能源汽车发展。除此之外，日本在税收政策方面也延续了对于电动汽车的税收优惠政策。2021年4月1日起，继续对电动汽车实施汽车税和微型车税税费减免，但对节能汽车不再给予优惠；汽车重量税的上阶段优惠政策在2021年4月30日到期后，日本再次延长优惠政策，并更新了针对节能汽车的油耗与排放要求。

（四）新老造车势力正面交锋，全球电动化浪潮日益汹涌

以比亚迪、大众、福特等为代表的传统头部跨国车企正加快电动化转型，将禁售燃油车及转型电气化目标定在2025—2030年左右，加快推广新能源汽车车型。比亚迪作为全球新能源汽车头部企业，已于2022年停售燃油汽车，预计到2025年，新能源汽车销量达500万辆。福特汽车计划2030年停止销售

燃油车，到 2023 年，全球电动汽车产能增加到 60 万辆；到 2026 年，电动车年产量超过 200 万辆；到 2030 年，电动汽车销量占公司全球销量的 50%。大众汽车计划到 2030 年纯电动汽车销售量占比达 50%，电动化投资达到 520 亿欧元，并计划于 2035 年停售燃油汽车。奔驰和宝马均把燃油车停售的计划定在 2030 年。宝马计划到 2025 年，纯电动汽车销量累计超过 200 万辆；到 2030 年，全球累计交付约 1000 万辆纯电动汽车。MINI 和劳斯莱斯品牌也将在 2030 年左右迈向全面电动化。奔驰计划到 2025 年，力争插电混动和纯电车型销量占比升至 50%，到 2030 年，全球建立 8 个电池工厂，满足 200 GWh 电池产能所需。

造车新势力后来居上，加速全球布局，均推出新车型，将提高产品性能、增加基础设施配套、海外扩张作为发展目标。小鹏汽车计划于 2023—2025 年，主要布局全场景辅助驾驶，2025 年之后，将向全面自动驾驶和无人驾驶进发；2024 年，实现量产"飞行汽车"。理想汽车计划从 2023 年起，每年至少推出两款高压纯电动车型。蔚来汽车计划到 2025 年，进入超过 25 个国家和地区，在全球范围内累计建成 4000 座换电站。特斯拉计划到 2030 年，实现年销售 2000 万辆电动汽车，部署 1500 GWh 储能。

第二节　国内外新能源汽车产业发展趋势

（一）自主品牌强势崛起，重构新能源汽车竞争格局

在燃油车时代，国外品牌牢牢把控着发动机、变速箱等核心技术，使我国汽车工业的发展步履维艰。然而，在电动化的大浪潮下，我国企业依托先发优势，在电池、电机和电控等新能源汽车的核心环节掌握核心技术，积极推动技术的创新和升级，不断提升产品性能和质量，在续航里程、充电技术、安全性等方面实现了显著的进步，提升了用户体验。在新能源汽车产业链上不断加强与供应商、充电设施建设方、电池企业等生态链伙伴的合作，形成了协同发展的局面，使我国具备较为完善的新能源汽车上中下游产业链，从而掌握了行业的话语权。与此同时，我国汽车市场正在经历结构性调整，豪华车市场份额不断上升，自主品牌车企纷纷推出高端品牌，产品高端化大势所趋。如极氪、比

亚迪仰望、蔚来等众多中高端车型，可以与传统国外品牌分庭抗礼。

总体而言，自主品牌的强势崛起将进一步促进我国新能源汽车产业的创新与发展。未来，随着技术的不断进步和市场的日益成熟，自主品牌有望在国内外市场上进一步扩大影响力，推动我国新能源汽车产业走向更加绿色、可持续的发展轨道。

（二）企业持续海外布局，带动国际影响力加速提升

在外需下滑的大背景下，新能源汽车有望成为2024年出口的结构性亮点。2022年，中国新能源汽车出口67.9万辆，同比增长120%。2023年1—7月，新能源汽车出口63.6万辆，同比增长150%。预计2023年全年新能源汽车出口将持续保持高增长。由于国家补贴退坡影响，国内市场承压，预计出口增速将超过国内市场增速。全球范围内，对环保和可持续发展的需求不断增长，这为新能源汽车企业进军海外市场提供了机遇。同时，受到能源价格波动影响，整车制造成本攀升，欧洲汽车工业将面临减产冲击。蔚来、比亚迪、零跑、哪吒等国内车企通过布局挪威、瑞典、德国、荷兰等市场，驱动高端纯电车型出口。另外，东南亚等海外发展中国家汽车产业缺乏，当地政府对新能源汽车给予大量的政策扶持，且当地生产成本较低，上汽、长城、吉利、比亚迪等车企布局东南亚、拉美等国家和地区，建设海外工厂和供应链体系。通过抓住海外市场需求增长、技术优势和创新、政策支持、品牌建设和资本市场开放等机遇，我国新能源汽车企业在海外市场的影响力将逐渐提升，实现更广泛的国际化发展。

（三）新能源汽车市场区域下沉，产品结构将出现新的亮点

在区域结构方面，三、四线城市及农村市场有望成为我国新能源汽车市场增长的下一个爆发点。第一，新能源汽车下乡活动能够加速挖掘潜力市场。据中汽协数据显示，2021年全年，新能源汽车下乡车型实现销售106.8万辆，比整体新能源汽车市场增速高出约10%，未来下沉市场空间广阔。第二，中小城市居民对新能源汽车的接受度不断提高。据国家信息中心统计，2022年上半年中小城市占双非限城市新能源汽车销量的50%以上。第三，基础设施项目落地，公共充电设施逐步完善。多地逐步落实充电基础设施建设，提升城乡地区充换

电保障能力，快速实现城市、乡镇充电设施全覆盖。

在产品结构方面，2022 年，在我国销售的 688.7 万辆新能源汽车中，纯电动汽车销量 536.5 万辆，同比增长 81.6%，插电式混动汽车销量 151.8 万辆，同比增长 151.6%，燃料电池汽车销量 0.3 万辆，同比增长 112.8%。可以看出，插电式混合动汽车销量增速惊人，将成为未来一段时间内新能源汽车最大的增长动能。受目前充电桩、换电站等基础设施不足，以及锂电原材料成本仍然较高等因素影响，插电式混合动力车型销量在未来几年内仍将继续爬坡，且在 10 万到 20 万元市场渗透率快速提升。与此同时，纯电动车型未来将发展高端市场，受动力电池原材料成本影响，纯电动汽车短期内难以下探低端市场，未来将布局 30 万元以上高端市场，对标高端燃油汽车产品。

（四）产业链供应链格局加速优化，锂电池供需将逐步恢复平衡

新能源汽车市场增长迅速，对锂电池等相关产业链供应链提出了巨大需求。然而，在过去几年里，锂电池供应链面临着一些挑战，导致供需不平衡的情况出现。2022 年，锂电原材料价格显著上涨，磷酸铁锂电芯单价由 0.55 元/Wh 上涨到 0.83 元/Wh，三元锂电芯单价由 0.63 元/Wh 上涨到 0.92 元/Wh，涨幅均超过 40%。这对汽车终端价格影响巨大，2022 年新能源汽车集体迎来一波涨价潮。不过，随着时间的推移和技术的进步，产业链供应链格局将逐步优化，并最终实现锂电池供需的平衡。2022 年 12 月，工信部发表《关于做好锂离子电池产业链供应链协同稳定发展工作的通知》，推动形成锂电池协同发展机制，锂矿扩产较电池延后 6~12 个月，产能有望爬坡。与此同时，钠离子电池有望实现产业化，动力电池的回收利用体系逐步完善，动力电池产业生态进入良性发展。

（五）氢燃料电池技术不断成熟，商用车示范与探索逐步走向深入

燃料电池电动汽车是以氢气和氧气在催化作用下在燃料电池中经过电化学反应产生的电能作为主要动力源驱动的汽车，具有效率高、续驶里程长、绿色环保、过载能力强等优点。目前，氢能物流重卡已成为氢燃料电池行业实现商业化的重要场景之一。2022 年 7—9 月购置氢燃料电池重卡订单数突破 1 万

辆，占所有细分车型销量的44%。同时，工信部2022年第10批《新能源汽车推广应用推荐车型目录》中，32款燃料电池货车、12款燃料电池客车上榜。天津、河北等地布局氢燃料电池重卡运输示范项目，示范车辆规划数超千辆。主要原因如下：第一，氢燃料电池电动汽车发展日益成熟，2022年1—10月，我国氢燃料电池汽车销量2400辆，增长1.5倍；以北京、上海、广东等示范城市群为基础，我国氢燃料电池汽车示范应用城市群涵盖47座城市；我国累计建成加氢站超过250座，约占全球数量的40%。第二，氢燃料电池电动汽车与商用车适配度高。氢燃料电池技术能源转化效率高达60%，是内燃机的2～3倍，适宜长距离、重载和商用场景的应用。在使用寿命上，燃料电池的普遍寿命超过5000 h，远高于锂电池的3000 h，长期使用成本低于纯电动卡车。因此，无论是运行场景还是长期使用的使用成本，商用车使用氢燃料电池更为适配。

（六）智能化与网联化加速融合，成为新能源汽车发展的重要方向

2022年上半年具有智能网联功能的乘用车销量达288万辆，渗透率升至32.4%，同比增长46.2%，汽车智能化将开启电动化下半场竞争。随着智能化、网联化技术的推进，预计2025年智能电动车辆的渗透率将达到新能源汽车的60%以上。

智能网联汽车是指搭载先进的车载传感器、控制器、执行器等装置，并融合现代通信与网络技术，实现车与X（车、路、行人、云端等）智能信息交换、共享，具备复杂环境感知、智能决策、协同控制等功能，可实现车辆安全、高效、舒适、节能行驶，并最终可实现替代人来操作的新一代汽车。随着汽车保有量的增加，带来能源短缺、环境污染、交通拥堵和事故频发等社会问题。智能网联汽车是解决这些社会问题的有效方案，代表着汽车行业未来的发展方向，同时也是新一轮科技革命背景下的新兴产品，可显著改善交通安全、实现节能减排、减缓交通拥堵、提高交通效率，并拉动汽车、电子、通信、服务、社会管理等协同发展，对促进汽车产业转型升级具有重大战略意义。

第二章　中国新能源汽车产业发展的机遇与挑战

第一节　中国新能源汽车产业发展的机遇

气候变化是人类面临的共同挑战，碳中和已经成为全球新一轮科技和产业革命的新主题。随着全球能源转型进程的推动，新能源汽车及相关新型基础设施建设为道路交通领域实现碳中和提供了新的技术解决方案。2021年10月，我国正式向《联合国气候变化框架公约》秘书处提交了《中国本世纪中叶长期温室气体低排放发展战略》和《中国落实国家自主贡献成效和新目标新举措》，并发布了《中共中央　国务院关于完整准确全面贯彻新发展理念做好碳达峰碳中和工作的意见》和《2030年前碳达峰行动方案》，其中特别提到要开展交通运输绿色低碳行动，大力推广新能源汽车，逐步降低传统燃油汽车在新车产销和汽车保有量中的占比，推动城市公共服务车辆电动化替代；到2030年，当年新增新能源、清洁能源动力的交通工具比例达到40%左右，营运交通工具单位换算周转量碳排放强度比2020年下降9.5%左右。"双碳"政策实施对新能源汽车发展是重大推动力，我国已成为全球最大的新能源汽车生产和消费国，传统汽车制造企业转型、造车新势力崛起及关键零部件的高市场占有率备受国际社会关注。零碳排放汽车制造及相关核心技术已经成为全球产业竞争的新赛道，有相当比例的经济体和汽车制造企业相继发布了燃油车禁售时间表及碳中和路线图，欧美已经或计划出台的有关新能源汽车碳足迹核算标准、认证、评级、贸易等相关政策成为2022年两会期间代表委员热议的话题，多位业界的人大代表、政协委员提交了相关提案。在此大趋势下，我国新能源汽车发展将面临长期向好的市场风口，具有重大历史机遇。

（一）下一代电池技术仍有突破潜力

锂离子电池是目前电动汽车中最常用的电池类型，其在续航里程、充电速度、循环寿命和安全性、成本等方面还存在一些限制，仍有较大的提升潜力。未来的电池技术发展将致力于克服这些限制，并提供更优秀的性能和更高的能量密度。目前，动力电池企业主要通过材料体系的迭代升级和结构革新等技术路线推动提升动力电池的能量密度，2025 年动力电池单体能量密度有望超过 350 Wh/kg，2030 年系统成本将降至 0.5 元/Wh 以内。此外，固态电池、锂硫电池、钠离子电池等新一代电池已崭露头角，推动电池性能持续进步，但技术尚未成熟，竞争格局远未形成，各主体仍有新的发展机会。

（二）商用车新能源化将加速发展

当新能源乘用车渗透率突破 30% 之后，下半场进入完全靠市场驱动的发展轨道，而新能源商用车领域渗透速度不一。截至目前，内地主要城市的公交车的增量基本实现百分之百新能源化。此外，物流领域商用车的新能源化速度明显加快。值得注意的是，新能源乘用车中不太可能再出现"新势力"，但在商用车领域可能会出现一批类似特斯拉、"蔚小理"的新力量，这些新力量的进入会对未来商用车市场产生底层性的影响。

（三）多样化补能基础设施建设将成为产业热土

随着新能源汽车发展进入规模化阶段，每年上千万的汽车销量使得能源设施的重要性日益凸显，这已成为当前的主要矛盾。如何解决消费者在使用电动汽车时遇到的补能问题，将是未来几年的关键任务，意味着网络化的能源基础设施亟待建设。未来，慢充、大功率充电、换电、加氢站等多样化的补能手段将在不同场景得到应用，满足用户多样化补能需求，补能设施的布局建设具有巨大的市场前景。预计 2025 年 800 V 高压平台车型及大功率快充桩将实现大规模商业化，充电 10 min 可续航 400 km，电动车补能困境将大幅改善。同时，大功率直流快充成本约为 5 年前的 20%。

（四）智能化是下半场竞争的重中之重

当前新能源汽车产业的竞争已经进入相对平稳状态，但随着智能化技术与产品的发展，行业竞争格局可能会发生重塑，并创造出新的产业价值。汽车产品和企业的竞争重点不再完全取决于动力系统，而更多取决于电动化基础之上的智能化。与智能化结合得深、结合得广、融合得早的技术路线，会借助智能化有更好的发展。智能化和网联化是一个系统性的工程，带来的变化将远远超过汽车本身。

首先，智能网联汽车横跨多个领域，催生万亿级市场空间，软件和服务打开新盈利通道，为传统车企、造车新势力和科技型企业带来了新机遇。其次，产业链价值重心将偏向软件服务转移。根据普华永道《2020年数字化汽车报告》，到2030年，软件在消费者感知价值中的占比将达到60%，随着自动驾驶技术的发展，新型用车模式将进一步提升这一比例。OTA能力将成为汽车迭代升级的关键，也是主机厂持续创造服务价值的核心要素，未来购车不再是"一锤子"买卖，随着软件深度参与到汽车生命全周期，用户的购车行为将仅仅成为一个"开端"。最后，智能化的发展将带动零部件供应商的崛起。以电动汽车为基础的三电系统、热管理系统、智能传感器（包括摄像头、毫米波雷达、激光雷达）、控制芯片等将重塑供应商市场格局。

第二节　中国新能源汽车产业发展面临的挑战

发展新能源汽车已成为全球汽车产业绿色发展、低碳转型的重要方向，世界各国均持续加大对新能源汽车发展的支持力度。目前，我国新能源汽车的发展已经取得重大成功，新能源汽车销量连续八年蝉联全球第一，市场渗透率达到25.6%，提前三年完成《新能源汽车产业发展规划（2021—2035年）》中所明确的"在2025年新能源汽车市场渗透率达到20%"的目标。但是，其仍面临核心技术问题、市场、产业链供应等诸多挑战。

（一）电池核心问题有待突破

1. 纯电动汽车里程焦虑

与燃油车相比，纯电动汽车的动力系统受到更大的制约，集中表现在里程焦虑和充电难两个方面。尽管动力电池的能量密度不断提升，百公里能耗不断降低，但是到目前为止，纯电汽车里程焦虑还远未消除。即便是有些车型号称充满一次电行驶 1000 km，但是电池的性能不稳定，如受到温度影响极大，随着温度的下降，续航里程会大幅缩减。

2. 充电难限制推广应用

由于充电桩的网络布局和充电速度远没有达到与加油站同样的密度和效率，可以说，在动力电池尚未成熟的前提下，加大充电站和换电站的布局密度是十分有效的措施，但是考虑到投入产出比，纯电汽车在今后很长一段时间内还处在投入期，且投入巨大。另外，充换电站的投入巨大，投入产出比低，在一定程度上限制了充换电网络发展的速度。再加上每个新能源车企采用的电池有差异，建立的换电站不能通用，也造成了资源浪费。如何对电池进行统一，建立通用型充换电站，用最小的成本保证电动汽车充电，是需要面对的主要问题之一。

3. 电池回收技术不成熟

目前，我国尚未做到新能源汽车电池 100% 回收。如果电池不能回收，或者不能有效回收，那么随之而来的环境污染、资源浪费问题必然会存在，如果废旧电池回收处理不好，势必会影响新能源汽车产业的快速发展。一边倡导实现绿色出行，一边又造成难以估量的污染，显然不符合国家发展新能源汽车的初衷。虽然国家也出台了《新能源汽车动力蓄电池回收利用溯源管理暂行规定》，明确了车企要承担主体回收责任，但由于新能源汽车还没有成为很多车企的销量主力，车企也缺乏对废旧电池进行处理的能力，一直以来，业内都缺少"整齐划一"的动力电池回收规范。实际上，新能源汽车电池回收产业价值巨大，同时又与环保密切相关，需要专业的拆解技术和材料回收技术，特别是贵金属锂、镍的回收。

（二）供应链受限风险仍存在

1. 动力电池原材料受限

目前主流动力电池为三元锂电池和磷酸铁锂电池，其中锂作为重要的材料，因电动汽车产销量的快速提升而市场需求量大增，价格飞速上涨。以碳酸锂为代表的锂价格从 2020 年的 4 万美元/t，上涨到 2022 年 5 月的 45 万美元/t，这也是 2022 年以来新能源汽车价格上涨的重要因素。虽然我国的锂储量在世界上也排名前列，但是由于矿石品质低、开采技术不高、开采规模小等问题，近年来我国锂矿生产企业所需的矿石主要依靠进口，而澳大利亚则成为我国锂矿石的主要进口国。虽然我国也在积极开采盐湖锂资源，但由于资源、技术等因素的限制，开发速度相对缓慢，因此在今后相当长时间内，进口锂矿石的局面恐难改变。随着相关国家矿业政策不断收紧，全球主要经济体已经开始重新审查评估其关键矿产供应情况，并制定相应的全球资源战略，未来矿产资源的争夺必然加剧，影响新能源汽车产业链和供应链的稳定。

2. 车载芯片供应力缺乏

在关键零部件方面，车载芯片的问题尤为突出。随着数字化发展，汽车行业对车载芯片的需求将不断增加。我国当前全新出厂的燃油汽车所需芯片数量约为每辆 1000 颗，新能源汽车芯片数量更高，达每辆 2000～3000 颗。据中国电动汽车百人会统计，国内车载芯片自给率不足 10%，计算与控制、通信、感知类芯片的自给率均低于 5%。一是车规级芯片制造工艺先进性不足，市场全面落后。芯片制造流程包括芯片设计、晶圆生产、封装和测试，其中在设计和封测环节，我国都具有一定水平和能力，但在制造环节全面落后，尚不具备主流的 28 nm、40 nm、55/65 nm 等车规级芯片制造工艺，国产车用芯片供应链仍未打通。从全球车规级 MCU（微控制单元）芯片市场占有率来看，大部分份额由欧美日等传统厂商瓜分。二是国内尚不具备车规级芯片的产品检测能力。由于汽车使用环境复杂，车规级芯片需要满足国际通行的 AEC-Q 系列可靠性标准和 IATF-16969 品质管理体系标准，与车辆安全相关的关键产品还需要符合功能安全 ISO-26262 规范。目前，车规级芯片仍需送到国外测试或者委托具有测评能力的外资代工企业测试，国内缺乏权威的第三方评价机构。三是相关人才短缺。人才短缺已经成为车载芯片技术进步的巨大瓶颈。我国包括汽车工业类在内的集成电路专业人员共约60万人，基本分布在设计、制造和封测环节。2023年，集成电路人才缺口达20万人，将严重影响行业技术发展和产业推进。

（三）经济性问题尚待解决

1. 电动二手车保值率低

目前消费者对新能源车的诟病除了里程焦虑和充电难之外，二手车保值率低也是重点。二手车作为汽车价值链的重要组成部分，如果保值率不能保障，那么就会严重打击消费者购买新能源汽车的信心。对于新能源汽车，特别是纯电动汽车，三电系统在整车价值中约占70%，其中电池约占40%，三电系统的保值率决定了整车的保值率。目前，二手新能源汽车保值率方面存在的问题主要是缺乏标准化评估体系、电池寿命具有不确定性等，亟须完善以下几个方面：一是新能源二手车残值评估标准需要建立；二是建立电池检测公正透明的标准；三是优化三电系统质保。目前很多厂家都推出了三电系统终身质保，但是实施条件苛刻，极具垄断的嫌疑和霸王条款意味，这方面必须建立行业标准，而非单纯由厂家决定。

2. 电动汽车保险费用高

新能源汽车保险费高也是不争的事实，新能源汽车节省下的燃油费用，多数又补贴进保险费中。此外，新能源车一旦发生事故，事故件的满足率远不如燃油车。造成新能源汽车保险费用高的原因主要在于三电系统的高保费要求，其中尤以动力电池最为突出。虽然新能源车有终身质保的政策，但是事故造成的损坏不在质保范围内，因此很多新能源事故车一旦出现电池损坏，往往是整体更换，保险公司的赔付居高不下，从而导致保费水涨船高。另外，对于三电系统损伤的保险定损也是一个难题，缺乏统一的鉴定标准。

（四）补贴政策逐步退坡直至取消

为了培育战略性新兴产业和加强节能减排，无论是中央财政还是地方财政都开展了私人购买新能源汽车补贴和购置税减免，例如对满足支持条件的新能源汽车，按 3000 元/kWh 给予补助，插电式混合动力乘用车最高补助 5 万元/辆，纯电动乘用车最高补助 6 万元/辆。除此之外，另有一些隐性补助，比如燃油车加油的费用中，包含了 40%的城市维护建设税等税费，纯电汽车因不用加油，因此避免了支付燃油税和其他相关税费，但是却享有与燃油车相同的道路使用权。这些隐性补助也是国家在税收方面的损失。随着补贴和购置税减免政策逐步退坡，这样的隐性补助也将逐步取消。这些被视为纯电动汽车卖点的优惠政策的逐渐减少或取消，将对新能源汽车的销售产生重大影响。

第三章　中国新能源汽车产业发展现状

第一节　中国新能源汽车产业发展演化历程

我国新能源汽车20余年的发展历程，大体可以分为五个阶段：起步摸索阶段（2001—2008年）、示范运营阶段（2009—2013年）、普惠推广阶段（2014—2016年）、品质导向阶段（2017—2020年）、市场驱动时代（2021—2025年）。每个阶段政策标准、产业结构、技术水平、产品性能都随着产业发展而发生变化，呈现不同的发展特点。下面从政策变化、产业发展两方面，对各阶段的产业发展情况作梳理和总结。

（一）起步摸索阶段（2001—2008年）

1. 政策情况

2001年，我国启动了"863"计划电动汽车重大专项，并将新能源汽车确定为战略性新兴产业，标志着对我国汽车产业发展具有重大战略意义的电动汽车专项正式启动。2004年，在国家颁布的《汽车产业发展政策》中明确提出了鼓励发展节能环保型电动汽车与混合动力汽车技术。2007年11月1日正式实施的《新能源汽车生产准入管理规则》，对新能源汽车进行了定义，还对企业生产资格、产品管理等作出了规范；同年，国家发改委发布了《产业结构调整指导目录（2007年本）》，将新能源汽车列入发改委鼓励产业目录，标志着我国正式进入新能源汽车发展元年。

2. 产业情况

这一阶段，新能源汽车技术取得了突破性创新成果，在某些细分市场内获得了一定的发展空间，但此时的技术具有不稳定性和不确定性，不同的技术在进行不同的市场试探。该阶段新能源汽车的研发完全由国家资助项目支持，目的是验证原型车和调查技术路线。公共服务部门是第一阶段新能源汽车的主要应用领域。

（二）示范运营阶段（2009—2013年）

这一阶段新能源汽车政策支持力度显著加大，开始大规模试运行，并安排专项资金推动新能源汽车示范应用，明确了新能源汽车发展战略、研究制定新能源汽车产业发展规划。在此背景下，整车企业开始进行新能源汽车业务布局，进行小规模的生产试水，重要零部件集群初步形成。

1. 政策情况

一是确定产业战略导向地位。2009年3月20日，国务院发布了《汽车产业调整与振兴规划》，首次提出大规模发展新能源汽车的目标。为配合规划，同年我国启动了"十城千辆"这一标志性计划，主要涉及公交、公务、市政、邮政、出租等领域，3年左右的时间，每年发展10个城市，每个城市推出1000辆新能源汽车。国内新能源汽车的产业化之路在城市运营车辆上率先开始了。2010年，国务院将新能源汽车确定为七大战略性新兴产业之一，在汽车产业"十二五"规划中明确指出大力扶持发展节能与新能源汽车的关键零部件发展。

二是初步建立市场准入制度。在2007年实施的《新能源汽车生产准入管理规则》，奠定了新能源汽车产品投放市场的基础，2009年6月17日，工业和信息化部发布了《新能源汽车生产企业及产品准入管理规则》，规定了新能源汽车企业及产品的准入条件，并划分了新能源汽车的技术阶段。

三是财政补贴支持产业发展。2009年，新能源补贴政策《关于开展私人购买新能源汽车补贴试点的通知》正式发布，对私人购买新能源汽车给予一次性补助，是中国新能源汽车行业补贴政策的开始。2010年6月1日，财政部颁布《私人购买新能源汽车试点财政补助资金管理暂行办法》，选定上海、深圳、杭州、长春和合肥5个城市作为试点（后来又扩大到25个城市），对私人购买新能源汽车（插电式混合动力乘用车和纯电动乘用车）给予一次性补助；对满足支持条件的新能源汽车按 3000 元/kWh 给予补助；插电式混合动力乘用车最高补助 5 万元/辆；纯电动乘用车最高补助 6 万元/辆。2011 年 2 月 25 日，第十一届常务委员会第十九次会议通过了《中华人民共和国车船税法》，对节约能源、使用新能源的车船可以减征或者免征车船税。

四是加大应用推广力度。在商用车方面，2012 年 8 月 6 日《关于扩大混合动力城市公交客车示范推广范围有关工作的通知》中将混合动力公交客车（包括插电式混合动力客车）推广范围从目前的 25 个节能与新能源汽车示范推广城市扩大到全国所有城市。在乘用车方面，2013 年，环保部下发《关于做好空气重污染监测预警信息发布和报送工作的通知》，国家建立空气重污染预警制度，北京首先给予了新能源汽车牌照优惠且不受限行管制。高额的补贴、免购置税等一系列推动措施，使消费者购买新能源汽车的意愿大大增加，新能源汽车的发力群体慢慢地由运营端转向为消费端。

2. 产业情况

该阶段新能源汽车市场渗透率在 0.01%～0.1%之间。该阶段的主要特色是第一轮推广应用实施。国家政策的大力支持，极大地调动了汽车企业研发生产新能源汽车的积极性。江淮汽车、北汽集团、一汽集团等整车企业纷纷成立新能源汽车分公司或事业部，或发布新能源汽车发展战略，进行新能源汽车业务布局，并推进新能源汽车研发与生产，实现了小批量的量产销售；上汽通用、东风日产等合资企业也推出电动车型试水中国市场；关键零部件企业在此期间也初步集聚。该阶段在国家战略层面提出汽车业电动化技术转型战略，明确新能源汽车为战略性新兴产业，但产业仍处于起步阶段。

（三）普惠推广阶段（2014—2016 年）

这一阶段国家大力支持行业发展，不断健全政策体系。同时，在普惠式的补贴刺激下，大量企业进军新能源汽车行业，国产自主品牌持续发力，新势力车企不断成立，国外车企通过合资品牌加强产业布局，新能源汽车产销规模成倍数增长。

1. 政策情况

一是加强顶层政策设计。2014年7月14日，国务院办公厅印发《关于加快新能源汽车推广应用的指导意见》，系统建立了新能源汽车发展政策体系，从创新商业模式、加快公共服务领域推广、加强技术创新等方面进行了系统部署；2015年5月19日，国务院发布《中国制造2025》，要求继续支持电动汽车、燃料电池汽车发展，形成从关键零部件到整车的完整工业体系和创新体系，推动自主品牌节能与新能源汽车同国际先进水平接轨。

二是调整财税支持政策。一方面，对购买、使用新能源汽车进行购置税、车船税优惠，2014年8月，财政部等四部门正式发布《关于免征新能源汽车车辆购置税的公告》，自2014年9月1日至2017年12月31日，对购置的新能源汽车免征车辆购置税；2015年5月，财政部等发布《关于节约能源、使用新能源车辆车船税优惠政策的通知》，规定对节约能源车船减半征收车船税，对使用新能源的车船免征车船税。另一方面，对企业补贴政策进行调整，2014年1月，财政部等发布《关于进一步做好新能源汽车推广应用工作的通知》，对补贴标准进行调整，放慢退坡速度（从10%、20%降到5%、10%），并明确补贴推广政策到期后，中央财政将继续实施补贴政策；2016年因骗补现象问题严重，为保证产业规范化发展，12月财政部等发布《关于调整新能源汽车推广应用财政补贴政策的通知》，2017—2018年补贴标准在2016年基础上下降20%，2019—2020年补贴标准在2016年基础上下降40%，规定地方政府的补贴不超过中央财政单车补贴额的50%，补贴方式由预拨制转为年度清算制，并提出以电池系统能量密度为补贴高低的调整系数，提高并动态调整推荐车型目录门槛，非个人用户购买新能源汽车在申请补贴前有累计行驶里程须达到3万公里等要求。

三是推进配套措施落实。2014年11月，财政部等发布《关于新能源汽车充电设施建设奖励的通知》，2013—2015年对推广城市提供充电设施奖励支持，其资金与新能源推广数量挂钩；2015年12月7日，住建部发布《关于加强城市电动汽车充电设施规划建设工作的通知》，规定了自2016年起新建停车场、住宅、公共建筑等充电设施的配备比例。通过制定一揽子政策措施，加快配套基础设施建设。

2. 产业情况

该阶段是我国新能源汽车产业化发展加速阶段。比亚迪、上汽、北汽等国内企业加快新能源汽车产业化发展步伐，比亚迪秦、众泰 E200 等产品成为市场热点。在 2015 年，我国一跃成为全球最大的新能源汽车市场，全球新能源汽车累计销售 52.3 万辆，我国以 33.11 万辆的成绩超过美国成为全球新能源汽车销量最多的国家，其中新能源乘用车销量达到 20.74 万辆，比亚迪、吉利和众泰这三家自主传统厂商新能源乘用车销量占比之和达到 65.70%；2016 年，新能源乘用车企业竞争日趋激烈，形成多点开花局面，比亚迪以 8.1 万辆的销量继续保持新能源乘用车市场龙头地位，占据全国 1/4 的市场份额，吉利、北汽、奇瑞、众泰、上汽、江淮等 6 家企业的 11 款车型销量过万。也是在此期间，一股互联网造车的新鲜血液迅速涌入产业，2014—2016 年，蔚来、理想、小鹏等造车新势力企业先后成立。同时，日产、丰田、大众等多家跨国汽车集团也更新了在华新能源汽车战略，开始加速产品的导入，通过合资品牌渠道积极在华布局本土化产品。

新能源客车也已进入实用化阶段，宇通、比亚迪、金龙等企业新能源客车产品开始大规模投放城市公交市场。动力电池产业也快速发展，比亚迪、力神等国内电池企业快速成长，韩国 SK、LG 化学等外资电池企业也开始在中国建厂、投产。

（四）品质导向阶段（2017—2020 年）

这一阶段国家对新能源汽车行业的管理思路从前期规模推动的普惠补贴政策转变为提升产品品质、加强行业规范的政策组合，并发布了双积分政策等长效制度，以发挥市场在新能源汽车发展中的重要作用。在此期间，因取消外资限制，特斯拉进入中国建厂；新势力车企产品下线交付，并产生分化；国内自主品牌"现象级"产品频出。我国新能源汽车产业技术水平加快提升、品质不断增强、市场规模快速扩大。

1. 政策情况

一是完善升级前期政策。此阶段，对前期的市场准入、财政补贴、推广应用等一系列政策进行了规范与升级。在市场准入方面，2017年1月，工信部发布《新能源汽车生产企业及产品准入管理规定》，提高了新能源汽车生产企业及产品准入的标准，引导产业有序发展。在财政补贴方面，2017年12月《关于免征新能源汽车车辆购置税的公告》提出，自2018年1月1日至2020年12月31日，对购置的新能源汽车免征车辆购置税。

二是引导产业品质发展。2018年《关于调整完善新能源汽车推广应用财政补贴政策的通知》中，提高新能源汽车企业获取补助的技术门槛。在购置补贴政策中，也通过动态调整，逐步提升整车能耗、电池系统能量密度、纯电续驶里程等技术门槛，明确补贴标准退坡幅度，引导产业向高品质方向发展。

三是市场化发展见端倪。2017年9月，工信部、财政部等发布《乘用车企业平均燃料消耗量与新能源汽车积分并行管理办法》，实施企业平均燃料消耗量与新能源汽车积分管理制度，鼓励发展低油耗车型和新能源汽车，对传统能源乘用车年度生产量或者进口量达到3万辆以上的，从2019年度开始设定新能源汽车积分比例要求，其中2019、2020年度的积分比例要求分别为10%、12%，创造性地建立促进节能与新能源汽车协调发展的市场机制；2018年，我国在《外商投资准入特别管理措施（负面清单）（2018年版）》文件中宣布取消汽车制造行业的外资限制，尤其是新能源汽车制造领域，生产电动汽车的国外公司无须和中国建立合资企业，可以直接在中国建厂生产，通过引入外资，激发产业活力。

2. 产业情况

与此同时，国内的新能源汽车市场在政策扶持、市场引导、营销多元化、用户接受度提升等因素的共同影响下，年度销量增长至2020年的125万辆，渗透率也达到了6.2%。尤其是在经历了2019年的补贴大幅退坡和2020年的疫情冲击后，销量不降反升，标志着新能源汽车市场逐渐由政策驱动转向市场驱动，市场成熟度提升。

2017年我国新能源乘用车行业实现由量变向质变的转化，跨国车企电动化战略推进加速，新势力车企或自造工厂，或寻求代工，其量产车型进入密集上市期，并逐渐成为舆论热点，引发人群对新能源汽车的关注与讨论。2018年我国汽车市场销量出现了28年来首度下滑，在汽车市场整体低迷的背景下，新能源汽车产销量依然高速增长,日产、宝马、丰田、大众等跨国车企经过多年布局,开始将旗下新能源汽车产品大规模投放中国市场;新势力也进入交付元年,蔚来、威马等行业内领先企业于5月先后实现交付,12月小鹏首款量产车G3上市。同年国家取消新能源汽车合资股比限制,随之特斯拉在上海临港自由贸易区建设超级工厂。与此同时,大众也计划到2028年将其全球产量400万的一半数量投产在中国。国外新能源汽车进入国内市场引起的鲇鱼效应,也带动了整个新能源汽车产业链的正向发展。2018年前,自主厂商在新能源市场占据绝对优势,市场份额达到九成以上,2019年始随着合资厂商加大对新能源产品的投入,以及特斯拉在华建厂,自主厂商份额不断被挤占,但经历2019—2020年份额短暂上涨后,合资厂商份额不断下跌,与自主厂商的新能源渗透率差距拉大,2021年其新能源渗透率仅为2.6%,远低于自主厂商的27.3%。

(五)市场驱动阶段(2021—2025年)

这一阶段,新能源汽车产业在规模效应及政策驱动下,市场得到全面释放,新技术新模式层出不穷,跨界融合持续深入。另一方面,国际竞争持续加剧,加之国家对汽车产业的重新定位,新能源汽车产业进入了快速普及应用和市场化发展新阶段。

1. 政策情况

一是政策延续稳定预期。2020年爆发的疫情对汽车消费产生了一定的抑制作用,为了促进新能源汽车消费,国家决定将新能源汽车补贴政策延长至2022年年底,并提前明确2021年、2022年新能源汽车购置补贴退坡幅度,稳定市场预期。

二是新技术新模式探索。2021年,我国先后批复北京、上海、广东示范城市群,及河南、河北示范城市群启动燃料电池汽车示范;2021年10月28日,工业和信息化部印发《关于启动新能源汽车换电模式应用试点工作的通知》,决定启动新能源汽车换电模式应用试点工作,纳入试点范围的城市共有11个,其中综合应用类城市8个、重卡特色类3个。

2. 产业情况

在 2019—2022 年间，随着新能源汽车补贴开始退坡，2017 年对低端车型的补贴大幅减少，2019 年下半年高端车型的补贴开始大幅下降，新势力车企进入优胜劣汰的分化阶段，尾部企业及其供应链开始出清，蔚来也于 2019 年陷入资金危机，2020 年逆势重生，此后"蔚小理"等新势力第一梯队车企成长为业内佼佼者，出现在新能源汽车销量排行榜前十；而上汽通用五菱、广汽、长城等自主传统车企推出宏光 MINI、传奇 AION S、欧拉 R1 等"现象级"产品，其中上汽通用五菱宏光 MINI 在 2020 年夺得销量冠军，但随着微小型市场的萎缩，以及竞品在该市场产品布局，其市场地位面临威胁；而比亚迪凭借"产品布局、渠道覆盖"等优势，2022 年更是在各级市场大放异彩，市场份额均超 30%。

第二节 中国新能源汽车产业链产销量情况

（一）产销情况

自 2014 年以来，我国新能源汽车市场迅猛发展。据中国汽车工业协会数据，2022 年我国新能源汽车行业产销量分别完成 705.8 万辆和 688.7 万辆，同比分别增长 96.9%和 93.4%，连续 8 年保持全球第一。2023 年第一季度国内新能源汽车产销量为 129.3 万辆和 125.7 万辆，同比增长均为 1.4 倍，市场占有率从 2021 年的 13.4%提升至 19.3%。2014—2023 年国内新能源汽车产销量见图 3.2.1。

从新能源汽车行业产销量结构来看，纯电动仍占据市场主流地位，2022 年产量占比为 77.5%，销量占比为 77.9%，其次插电式混电市场占比有所提升，销量占比从 2021 年的 17.1%提升至 22.0%。2023 年第一季度，根据资料显示，与上年同期相比，纯电动汽车、插电式混合动力汽车和燃料电池汽车产销延续了高速增长势头，燃料电池汽车增速更为显著。

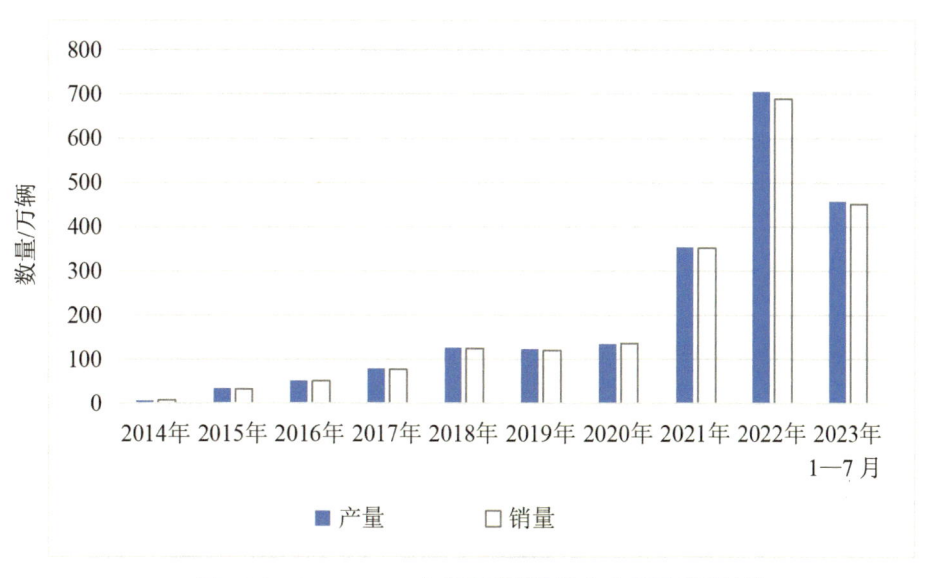

图 3.2.1　2014—2023 年我国新能源汽车产销量情况统计

随着新能源汽车销量的不断增长，动力电池的装车量也随之快速增长。2021 年之前，动力电池装车辆处于低位缓慢增长阶段。2021 年过后，新能源汽车产量的持续扩容，带动车企动力电池装车速度提升，动力电池装车量持续激增。2022 年我国动力电池产量总计 545.9 GWh，装车量为 294.6 GWh，分别同比增长 148.5%、90.7%。其中三元电池和磷酸铁锂电池装车量分别为 110.4 GWh、183.8 GWh，各自占比 37.5%、62.4%，磷酸铁锂增速快于三元电池。2015—2022 年动力电池装车量数据详见图 3.2.2。2023 年 1—5 月，国内动力电池产量为 233.5 GWh，累计同比增长 34.7%，装车量为 119.2 GWh，同比增长 43.5%，其中三元电池累计装车量 37.9 GWh，占总装车量的 31.8%，累计同比增长 11.4%；磷酸铁锂电池累计装车量 81.2 GWh，占总装车量的 68.1%，累计同比增长 65.9%。

（二）保有情况

在国内整体汽车电动化、智能化趋势下，新能源汽车在国内汽车整体份额中的占比持续走高。数据显示，我国新能源汽车保有量从 2014 年的 22 万辆增长至 2022 年的 1310 万辆，保有量破千万辆，新注册登记数量为 535 万辆，较

2021年增长240万辆。2015—2023年我国新能源汽车保有量及增速情况见图3.2.3。保有量结构方面，2022年全国纯电动汽车保有量1045万辆，较2021年增加405万辆，占新能源汽车总量的79.78%，插电混动和燃料电池合计占比20.22%。

图3.2.2　2015—2022年我国动力电池装车量及增速情况

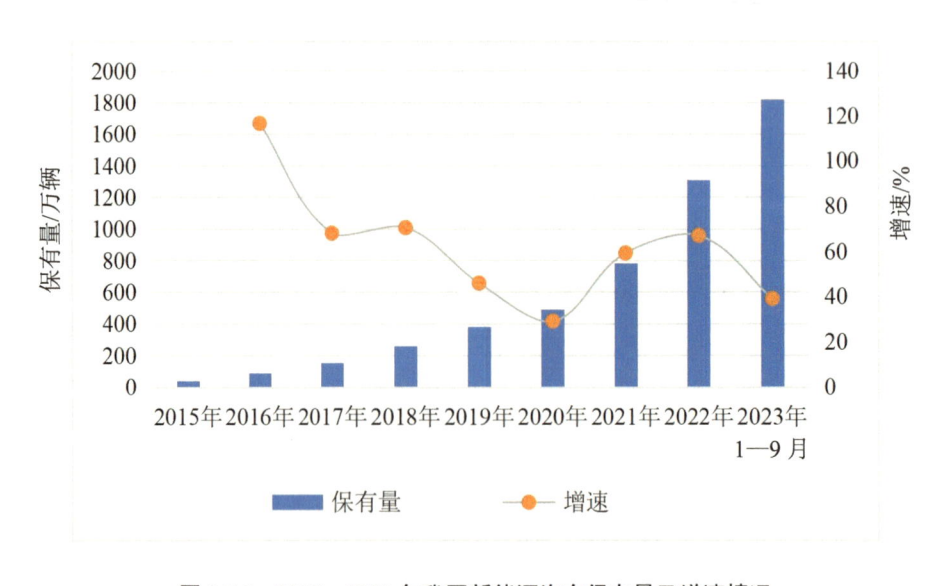

图3.2.3　2015—2023年我国新能源汽车保有量及增速情况

从国内充电设施建设情况来看，2017—2020年期间，充电桩行业属于成长早期，增速较为稳定，至2021年开始国内充电设施建设速度加快。据中国充电联盟数据，2022年我国充电设施保有量达到521万台，充电基础设施增量为259.3万台，同比增加99.1%。其中公共充电桩（公用+专用）保有量为179.7万台，随车配建私人充电桩保有量为341.2万台，私人充电桩增速快于公共充电桩。2017—2022年我国充电桩保有量情况见图3.2.4。

图 3.2.4　2017—2022年我国充电设施建设情况

（三）出口情况

自2021年来，我国汽车工业出海持续创新高，其中新能源汽车占比持续提升。据统计，2022年中国汽车工业出口数量为311.1万辆，同比增长54.39%，新能源汽车出口数量为67.9万辆，占比21.83%。2023年第一季度，国内汽车及新能源汽车分别出口99.4万辆、24.8万辆，分别同比增长70.6%、110%，未来新能源汽车将成为国内新能源出海的关键驱动力。出口结构方面，新能源汽车出口以乘用车为主，2023年第一季度，乘用车和商用车出口数量分别为82.6万辆、16.8万辆。2014—2023年中国汽车工业出口数量情况见图3.2.5。

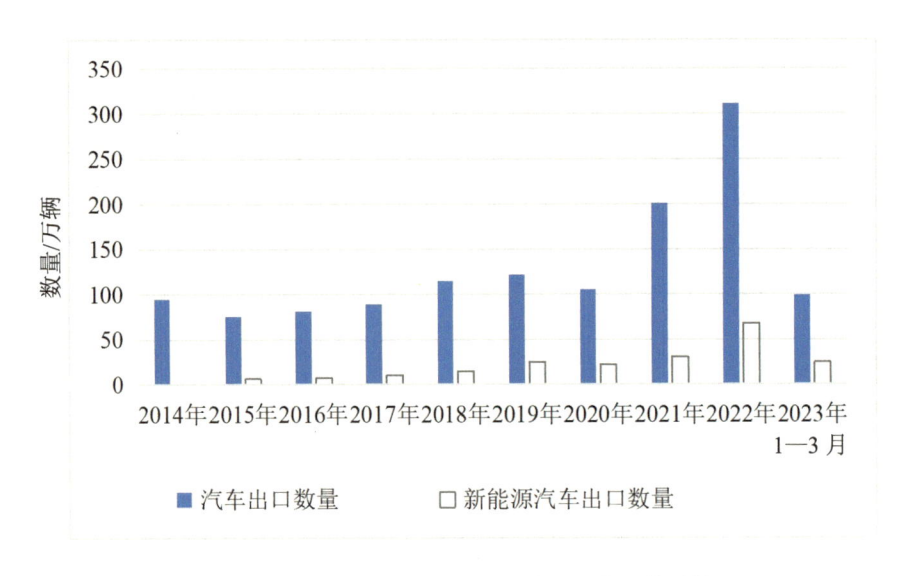

图 3.2.5　2014—2023 年中国汽车工业出口数量情况

第三节　中国新能源汽车产业竞争格局

（一）地区竞争格局

1. 中国新能源汽车产业三大集群区域

当前，我国新能源汽车产业主要集聚在珠三角、长三角、京津冀等地区，其中，珠三角地区代表企业有比亚迪、小鹏、广汽埃安等；长三角地区代表企业有上汽、特斯拉、吉利等；京津冀地区代表企业有长城、小米、理想等。

珠三角地区新能源汽车领域拥有得天独厚的优势，既有传统汽车产业的制造基础，又有人工智能、通信科技等新兴产业的优势，并且拥有粤港澳大湾区的人才优势，大幅提升了整个新能源汽车产业的运行效率。目前，已形成广州、深圳、佛山新能源汽车核心集聚区，以及以东莞、惠州、肇庆等为代表的关键零部件及新材料配套项目集中区。在比亚迪、广汽埃安、小鹏等新能源整车企业的拉动下，珠三角地区已经形成具有代表性的新能源自主品牌和相对完备的零部件配套生产能力。

长三角地区汽车产业集群包括上海市、江苏省、浙江省、安徽省四省市，聚集了大量整车企业以及规模以上汽车零部件企业。长三角地区整车及配套零部件企业数量详见图 3.3.1。

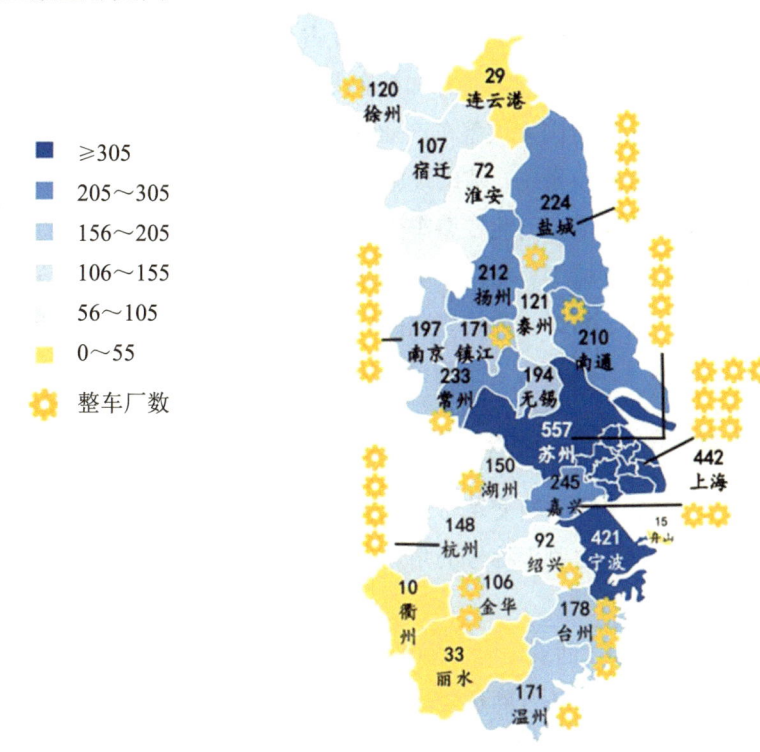

图 3.3.1　长三角地区汽车整车及配套零部件企业数量

作为国内最早在新能源汽车这条赛道布局的区域之一，如今全国每三辆新能源汽车，就有一台产自长三角地区。2022 年年末，长三角三省一市新能源车保有量 309.65 万辆，其中新能源车新注册 138 万辆，占到新能源车保有量的 46%，新能源车产值、产量和终端销售三项指标增速，均高于属地汽车（总体）水平。当前，长三角的新能源汽车产业发展已然形成了以上海为总部，在苏浙皖设立制造基地的联动模式。其中，上海主要布局在安亭、临港新片区、金桥及张江等地区；浙江重点布局在杭州、宁波、温州、湖州、嘉兴、绍兴、金华、台州等地；江苏重点布局在南京、徐州、苏州、盐城、扬州等地；安徽重点布局在合肥、芜湖、马鞍山、安庆、六安等地。在新能源汽车"三电"系统等方面，长三角地区也均有布局，集聚了国轩高科、中航锂电、上海电驱动联合汽车电子、苏州汇川等国内知名企业；在氢燃料电池汽车方面，上海应用推广效果最好，氢燃料汽车数量位居全国第一，江苏和上海氢燃料电池相关企业数量位居全国第一、二位，长三角企业数量合计占全国比重高达46%，上汽、上海神力、重塑能源科技、江苏氢能等知名企业已纷纷布局。

京津冀地区作为全国六大整车产业集群之一，具备较强的发展基础，北京在整车生产、智能驾驶系统、基础设施等领域有较强实力，天津重点发展汽车芯片、汽车装备等领域，河北在整车生产、底盘系统、智能驾驶系统、电子电器系统、车身系统领域均有布局。从区域布局上看，北京重点布局在北京经济技术开发区、顺义、昌平、大兴等地；天津重点布局在滨海新区、天津经济技术开发区、东丽区、西青区、宁河区等地；河北重点布局在保定、沧州等地。

2. 多城角逐"新能源汽车之都"

新技术带来新变革，新变革带来新机遇，新能源汽车市场的爆发激起了多地对于中国"新能源之都"称号的角逐。一批城市乘着产业东风，在新能源汽车发展中崛起。

据统计，2022年，西安、上海、深圳和柳州的新能源汽车产量分别为101.52万辆、98.86万辆、84.88万辆和66.84万辆，较上年增长277%、56%、183.4%和39%，这四个城市的全国份额占比分别为14.4%、14%、11.9%和9.5%。与此同时，也有城市未能跟上新产业发展步伐，全国汽车工业区域格局加快重构。具体见表3.3.1。

表3.3.1　2022年主要城市新能源汽车产量及全国占比

城市	新能源汽车产量/万辆	新能源汽车产量全国占比	燃油车产量全国占比
西安	101.52	14.4%	1.2%
上海	98.86	14.0%	10.1%
深圳	84.88	11.9%	—
柳州	66.84	9.5%	5.4%
重庆	36.52	5.2%	8.6%
常州	34	4.8%	—

（续表）

城市	新能源汽车产量/万辆	新能源汽车产量全国占比	燃油车产量全国占比
广州	31.37	4.4%	14.0%
合肥	25.5	3.6%	1.6%
青岛	22.3	3.2%	0.2%
沈阳	9.89	1.4%	3.2%

西安、深圳、常州、青岛等一批城市换道领跑，大力发展新能源汽车产业，通过重点项目谋划、龙头企业招引，发展成全国新能源汽车产业新兴城市。

西安市深度绑定整车企业，支持建设比亚迪北方总部基地。西安早在2003年就开始建设比亚迪电动汽车项目，陆续引进乘用车、商用车、动力电池和汽车金融等项目。陕西省汽车工业协会数据显示，2022年，西安比亚迪汽车产量100.8万辆，同比增长145.4%，其中新能源汽车产量99.5万辆，占到西安全市新能源汽车产量的97.9%。由此，西安市借势发展，成为全国第一个新能源汽车产量突破百万的城市，一举扭转了燃油车时代落后于其他省市的局面。

深圳市凭借雄厚的科技实力，形成"深圳研发+异地生产"协作模式。深圳作为创新之城，培育了比亚迪、欣旺达等一批龙头企业，这些企业已在全国布局，构建新能源整车和动力电池产业。2022年，深圳新能源汽车销量达21.15万辆，新能源渗透率达到48%，位居一线城市榜首，全市公交、出租车和网约车电动化率达到100%。此外，凭借发达的电子信息产业，2022年深圳智能网联汽车产业增加值达511.46亿元，同比增长46.1%，呈现"软件定义汽车"的景象。

常州市以电池带动整车，实现了由关键零部件带动新能源汽车产业的创新路径，充分发挥了国资平台的资本招商功能，设立产业投资基金扶持电池产业重大项目，成功招引宁德时代、中创新航、蜂巢能源等电池龙头企业，尤其是政府投资平台于2019年投资中创新航，扶持电池项目落地常州，成效明显。常州是全国动力电池出货量最高的城市，2022年动力电池规上企业完成产值1703亿元，动力电池产量108.5 GWh。

青岛市利用沿海区位优势，加大承接北京、柳州和长春等地的项目，建设新能源汽车生产基地，大力招引北汽集团、一汽集团、上汽通用五菱和奇瑞等企业，支持新能源项目落地。同时，依托整车招引配套企业，举办"北汽新能源汽车供应链伙伴大会"，吸引了配套企业纷纷签约落户。新能源汽车产量从2019年的2.97万辆迅速提升到2022年的22.3万辆，产业规模全国位次有所攀升。

上海、柳州、合肥等一批城市依托雄厚的汽车工业基础，通过产品升级和结构调整，推动汽车产业平稳转型，进一步巩固了在全国汽车行业中的地位。

上海市通过政策创新，以外商独资形式创新招商，并支持上汽集团等企业发展自主品牌新能源汽车。通过招商引资支持和产业园区配套，促进企业向上海集聚，形成国内最全的新能源汽车产业链条，支持安亭国际汽车城、自贸区临港片区的产业园区建设。上海市是我国新能源汽车出口基地，2022年新能源汽车出口额839.9亿元，同比增长1.3倍；锂电池出口额254.1亿元，增长3.6倍。

柳州市以应用示范带动产业发展，打造新能源汽车推广应用示范城市，柳州市出台停车费优惠、充电优惠和规划专用停车位等措施，支持新能源汽车使用，政企联动出台新能源汽车"柳州模式"；把握细分市场需求，通过差异化定位发展，支持企业开发微型、紧凑级电动汽车，开发微型电动车领域龙头产品。2022年，五菱宏光MINIEV销量40.48万辆，是全国销量最高的新能源乘用车。

合肥市善用资本，以产业基金接连撬动重大项目落地。支持江淮汽车与蔚来合作生产新能源汽车，引入大众新能源汽车等项目，合肥市国资平台投资70亿元支持蔚来汽车建设研发和生产基地,联合蔚来建设合肥新桥电动汽车产业园，成功吸引数百家配套企业，促进了生产和研发设计等环节企业的集聚发展。据统计，2022年合肥市新能源汽车产业链实现产值突破1000亿元。

还有一类城市，"大象转身困难"，受制于本市燃油车体系牵制，需加快产品结构调整，促进本地汽车产业电动化转型。部分在燃油汽车时代兴起的城市在电动化过程中切换步伐较慢，新能源汽车份额并不高。2022年，重庆、广州和沈阳市新能源汽车产量分别为36.52万辆、31.37万辆和9.89万辆，在全国的占比分别为5.2%、4.4%和1.44%，与同期燃油车全国份额相比，分别下降3.4、9.5和1.7个百分点。

第三章　中国新能源汽车产业发展现状

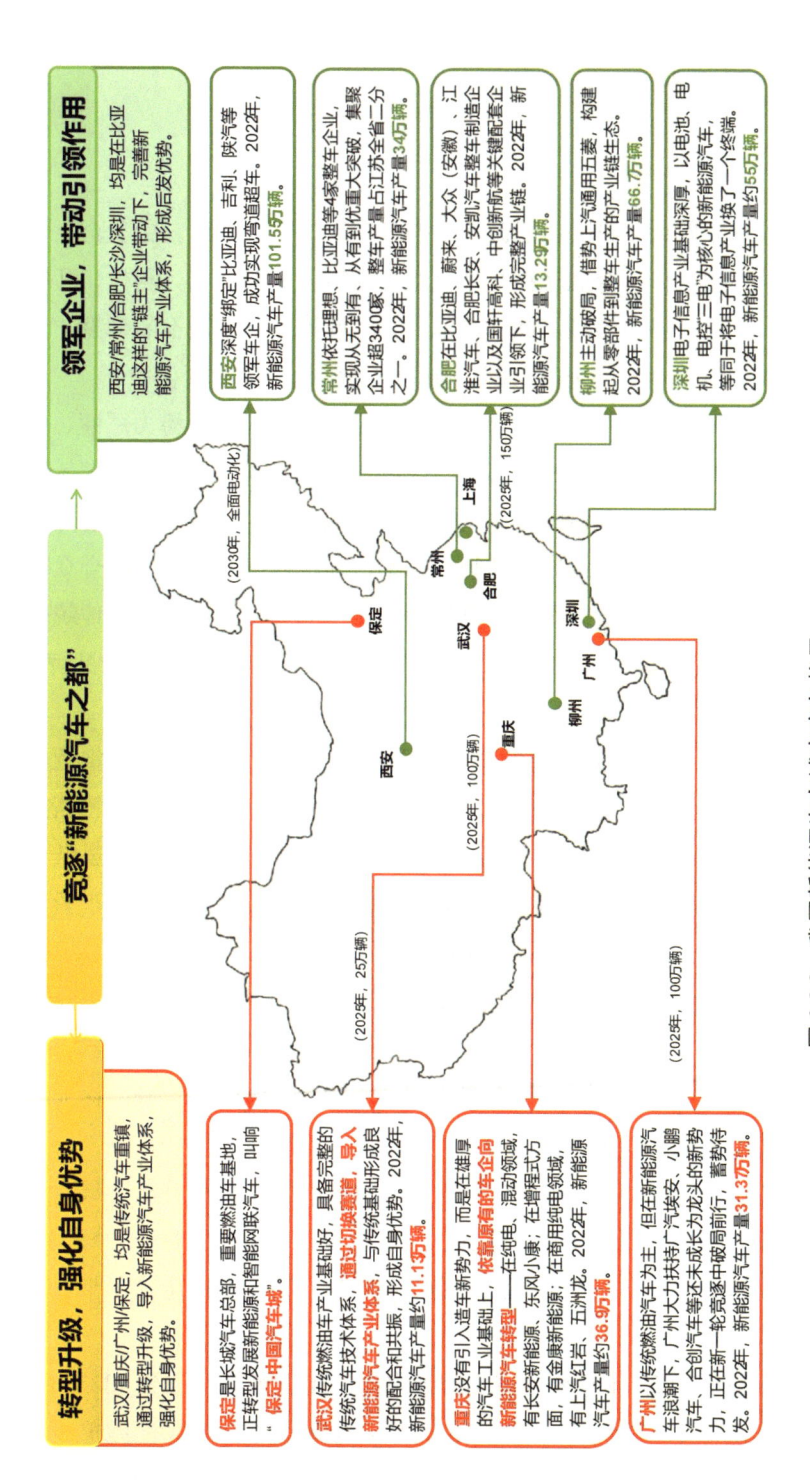

领军企业，带动引领作用

西安/常州/合肥/长沙/深圳，均是在比亚迪这样的"链主"企业带动下，完善新能源汽车产业体系，形成后发优势。

- 西安深度"绑定"比亚迪，成功实现弯道超车。2022年，新能源汽车产量101.55万辆。
- 常州依托理想、比亚迪等4家整车企业，实现从无到有，整车产量占江苏全省二分之一。2022年，新能源汽车产量34万辆。
- 合肥在比亚迪、蔚来、大众（安徽）、江淮汽车、合肥长安、安凯汽车整车制造企业以及国轩高科、中创新航等关键配套企业引领下，形成完整产业链。2022年，新能源汽车产量13.2万辆。
- 柳州主动破局，借势上汽通用五菱，起从零部件到整车生产的产业链生态。2022年，新能源汽车产量66.7万辆。
- 深圳电子信息产业基础深厚，以电池、电机、电控三电为核心的新能源汽车、同于将电子信息产业换了一个终端。2022年，新能源汽车产量约55万辆。

竞逐"新能源汽车之都"

转型升级，强化自身优势

武汉/重庆/广州/保定，均是传统汽车重镇，通过转型升级，导入新能源汽车产业体系，强化自身优势。

- 保定是长城汽车总部，重要燃油车基地，正转型升级发展新能源和智能网联汽车，叫响"保定·中国汽车城"。
- 武汉传统燃油车产业基础好，具备完整的传统汽车技术体系，通过切换赛道，导入新能源汽车产业体系，与传统基础形成良好的配合和共振，形成自身优势。2022年，新能源汽车产量约11.1万辆。
- 重庆没有引入造车新势力，而是在雄厚的汽车工业基础上，依靠原有的车企新能源汽车转型——在纯电、混动领域，有长安新能源、东风小康；在商用电领域，有上汽红岩、五洲龙。2022年，新能源汽车产量约36.9万辆。
- 广州以传统燃油汽车为主，但在新能源车浪潮下，广州大力扶持广汽埃安、小鹏汽车，合创汽车等未成长为龙头的新势力，正在新一轮汽车产业中破局前行，蓄势待发。2022年，新能源汽车产量31.3万辆。

图 3.3.2　我国新能源汽车城市竞争格局

35

（二）企业竞争格局

1. 乘用车企业格局重塑

经过多年培育和发展，我国新能源汽车产业实现了巨大飞跃，更多企业积极探索智能电动方向，传统企业转型加速，造车新势力蓬勃生长，科技、互联网公司开始涌入，竞争日益激烈。品牌、车型、区域等细分领域不断调整，行业格局初步形成，但由于发展空间广阔，整体格局仍处于不断变化中。

新能源乘用车整车企业可分为四类：自主传统厂商、自主新势力厂商、传统合资厂商、外商独资及进口厂商。其中，自主传统厂商以比亚迪、北汽新能源、广汽埃安、长城欧拉、吉利曹操等汽车集团自主品牌为代表；自主新势力指"互联网造车"企业，包括蔚来、理想、小鹏、领跑四家上市企业，合众哪吒、爱驰、华人运通高合已量产车企，以及小米、牛创等未量产企业；传统合资厂商则指东风、广汽等国内汽车集团与日产、丰田等跨国企业的合资品牌；外商独资主要为特斯拉、福特汽车等外商车企。

在产销量方面，新能源车市场头部效应显著，TOP 10 厂商占市场将近七成份额。中国新能源汽车销量 TOP 10 企业可分为三个梯队：比亚迪、特斯拉常年占据榜单前二，为第一梯队；上汽通用、广汽埃安等自主品牌销量虽低于比亚迪、特斯拉，排位也常有波动，但也紧跟其后，站稳第二梯队；造车新势力基础相对薄弱，销量自 2020 年后开始上升，为第三梯队。

2022 年，比亚迪销量大幅超越特斯拉成为全球销量冠军，中止特斯拉连续 4 年全球销冠的称号，全年销量超 180 万辆。比亚迪官方数据显示，2022 年，比亚迪 DM 车型、EV 车型累计销售均超 90 万辆；截至 2022 年年底，比亚迪新能源汽车累计销售超 337 万辆。

特斯拉在 2022 年交付也突破 130 万辆，其中生产和交付都首次突破百万辆。另外，2022 年特斯拉美国工厂、德国工厂开始投产，后续还将在上海工厂扩产，将有望带动销量提升。值得一提的是，数年来，特斯拉的电动车平均售价总体呈现下降趋势。

上汽通用五菱于 2022 年斩获全球小型纯电汽车年度销冠，截至 2023 年 1 月 29 日，宏光 MINIEV 累计销量突破 111 万辆，七度登顶全球新能源单一车型销量冠军。不过，上汽通用五菱虽再创佳绩，但与比亚迪、特斯拉的差距也进一步拉大。

国内新能源汽车市场，传统自主车企阵营也已占据一席之地，国产新势力阵营增速快，传统外资阵营处于弱势地位。

随着传统自主车企大规模量产混动车型，整合三电供应链提高竞争力，未来有望持续保持高复合销量增长态势；国产新势力竞争激烈，销量位次不断变化。具体见表3.3.2。

表3.3.2 我国新能源汽车2017—2022年销量排名

排名	2017年 企业	销量/万辆	占比/%	2018年 企业	销量/万辆	占比/%	2019年 企业	销量/万辆	占比/%
1	比亚迪	11.4	20	比亚迪	23	23	比亚迪	17.9	20.9
2	北汽	10.5	19	北汽	15.6	15	北汽新能源	8.5	9.9
3	上汽	4.4	8	上汽	9.7	10	吉利	6.5	7.6
4	众泰	3.7	7	奇瑞	6.6	6	上汽乘用车	5.7	6.7
5	奇瑞	3.4	6	吉利	5.4	5	上汽通用五菱	4.7	5.5
6	江淮	2.8	5	华泰	5.3	5	奇瑞	3.9	4.5
7	江铃	3	5	江淮	5.1	5	长城	3.6	4.2
8	长安	2.9	5	江铃	4.8	5	长安	3.5	4.1
9	吉利	2.5	4	众泰	3	3	江淮	3.2	3.8
10	华泰	1.2	2	长安	2.6	3	上汽大众	3.1	3.6

排名	2020年 企业	销量/万辆	占比/%	2021年 企业	销量/万辆	占比/%	2022年 企业	销量/万辆	占比/%
1	上汽通用五菱	16.5	14.7	比亚迪	52.6	18.1	比亚迪	158.3	30.2

(续表)

排名	2020年 企业	销量/万辆	占比/%	2021年 企业	销量/万辆	占比/%	2022年 企业	销量/万辆	占比/%
2	特斯拉	14.4	12.9	上汽通用五菱	42.3	14.6	特斯拉	44.2	8.4
3	比亚迪	13.8	12.4	特斯拉	31.2	10.7	上汽通用五菱	42.1	8
4	广汽埃安	6.4	5.7	长城	13.4	4.6	广汽埃安	21.4	4.1
5	长城	5.5	4.9	广汽埃安	12.3	4.2	长安	18.9	3.6
6	北汽新能源	4.7	4.2	上汽乘用车	11.4	3.9	奇瑞新能源	17.5	3.3
7	蔚来	4.3	3.9	长安	10.2	3.5	合众新能源	14.6	2.8
8	上汽乘用车	4.2	3.7	小鹏	9.7	3.3	理想	13.5	2.6
9	奇瑞	4	3.6	理想	9.1	3.1	小鹏	12	2.3
10	理想	3.3	3	蔚来	9.1	3.1	蔚来	12	2.3

2. 动力电池一超多强

近年来，随着新能源汽车销量的不断增长，动力电池的装车量也随之快速增长。2021年过后，新能源汽车产量的持续扩容，带动车企动力电池装车速度提升，动力电池装车量持续激增。据数据显示，2022年我国动力电池产量总计545.9 GWh，装车量为294.6 GWh，分别同比增长148.5%、90.7%。其中，新能源乘用车领域装机量为270.2 GWh，占总装机量的比例为89.4%，同比增长93.6%；新能源客车装机10.9 GWh，占比3.6%，同比增长18.1%；新能源专用车装机21.1 GWh，占比7%，同比增长101.5%。按电池种类分，三元电池和磷酸铁锂电池装车量分别为110.4 GWh、183.8 GWh，各自占比37.5%、62.5%，磷酸铁锂电池增速快于三元电池。

目前，动力电池系统企业主要有三种类型：单体企业产业链延伸兼做系统产品，如宁德时代新能源等；独立的系统企业，采购电芯以 Pack 的形式供应给整车企业，如上海捷新、北京普莱德等；车企兼做系统产品，如比亚迪、东风汽车等。经过多年发展，动力电池产业已形成一超多强竞争格局，宁德时代排名第一，在中国市场装机量为 142.02 GWh，市场占有率为 48.2%；比亚迪次之，装机量为 69.1 GWh，占有率为 23.45%；紧跟其后的分别是中航锂电和国轩高科，装机量分别为 19.42 GWh 和 13.33 GWh，市场占有率分别为 6.53%和 4.52%；排名 5~10 位的分别为欣旺达、亿纬锂能、蜂巢能源、孚能科技、LG 新能源和瑞浦能源。具体见表 3.3.3。

表 3.3.3 我国车用动力电池配套量排名

排名	2017 年 企业	配套量/GWh	占比/%	2018 年 企业	配套量/GWh	占比/%	2019 年 企业	配套量/GWh	占比/%
1	宁德时代	10.57	28.52	宁德时代	23.43	41.19	宁德时代	31.73	51.02
2	比亚迪	5.66	15.27	比亚迪	11.43	20.09	比亚迪	10.76	17.31
3	沃特玛	2.41	6.5	国轩高科	3.07	5.4	国轩高科	3.31	5.33
4	国轩高科	2.05	5.53	力神电池	2.05	3.6	力神电池	1.95	3.13
5	比克动力	1.66	4.48	孚能科技	1.91	3.36	亿纬锂能	1.74	2.79
6	力神电池	1.03	2.78	比克动力	1.74	3.05	中航锂电	1.49	2.4
7	孚能科技	1.02	2.75	亿纬锂能	1.27	2.24	孚能科技	1.21	1.95
8	亿纬锂能	0.94	2.54	国能电池	0.81	1.42	时代上汽	1.14	1.84

（续表）

排名	2017年 企业	配套量/GWh	占比/%	2018年 企业	配套量/GWh	占比/%	2019年 企业	配套量/GWh	占比/%
9	国能电池	0.79	2.13	中航锂电	0.72	1.26	比克动力	0.69	1.11
10	银隆新能源	0.74	2	卡耐新能源	0.63	1.11	欣旺达	0.65	1.04

排名	2020年 企业	配套量/GWh	占比/%	2021年 企业	配套量/GWh	占比/%	2022年 企业	配套量/GWh	占比/%
1	宁德时代	31.79	49.98	宁德时代	80.51	52.1	宁德时代	142.02	48.2
2	比亚迪	9.48	14.91	比亚迪	25.06	16.2	比亚迪	69.1	23.45
3	LG化学	4.13	6.49	中航锂电	9.05	5.9	中航锂电	19.24	6.53
4	中航锂电	3.55	5.58	国轩高科	8.02	5.2	国轩高科	13.33	4.52
5	国轩高科	3.32	5.22	LG新能源	6.25	4	欣旺达	7.73	2.62
6	松下	2.24	3.52	蜂巢能源	3.22	2.1	亿纬锂能	7.18	2.44
7	亿纬锂能	1.18	1.86	塔菲尔新能源	3	1.9	蜂巢能源	6.1	2.07
8	瑞浦能源	0.95	1.49	亿纬锂能	2.92	1.9	孚能科技	5.36	1.82
9	力神电池	0.92	1.45	孚能科技	2.45	1.6	LG新能源	5.2	1.77
10	孚能科技	0.85	1.34	欣旺达	2.06	1.3	瑞浦能源	4.52	1.53

3. 动力电池上游多方入局

正极材料市场集中度处于较低水平，新进入者众多。一方面，下游动力电池厂商出于产品质量、供应链保障等考虑，会自产部分正极材料；另一方面，上游原材料厂商和回收企业具有资源优势，也会向下布局，一定程度上挤占正极材料厂商的市场空间。目前磷酸铁锂成本优势显现，三元材料向高镍低钴趋势发展，新型材料逐渐受到市场关注，不同技术路线均有其应用领域，正极材料市场格局有待重塑。

国内负极行业"四大多小"市场格局基本形成。据EVTank统计，2021年中国负极产量的全球占比由2020年的77.7%进一步提升至86.1%以上。其中行业龙头贝特瑞全球出货量市占率为19%，杉杉股份、璞泰来和凯金能源出货量比较接近，分别占据了全球10%以上的市场份额。国内二线厂商主要包括尚太科技、中科电气及翔丰华等，全球市占率分别为8%、7%和4%。2018年以来行业集中度出现下滑，预计未来随着头部厂商的大规模扩产，集中度将会回升。主要是因为随着下游需求的迅速增加，头部厂商由于产能有限，满产满销，部分中小厂商得以收获更多订单，挤占了部分市场份额。

国内隔膜市场逐渐清晰，双雄并立格局确定。2017年，各厂商市场份额竞争激烈，行业局面无明显龙头迹象。星源材质以干法隔膜起家，2013年打通国际市场，绑定海外巨头LG，奠定国内干法隔膜地位。2019—2020年，恩捷股份收购苏州捷力与纽米科技，横向切入3C市场，加速对消费电子市场的渗透，湿法龙头地位巩固，两强争霸的市场格局确定。

全球电解液市场格局相对集中，其中天赐材料、新宙邦完全覆盖电解液上游领域。2022年上半年，天赐材料、新宙邦以及瑞泰新材的市占率分别为25%、15%、13%，CR3达到62%，市场集中度较高。行业的核心壁垒为上游原材料居高不下，新进企业需支付大量经济成本及时间成本来扩大生产规模以获得相对应的市场占有率。

4. 电机电控整车配套增多

现阶段新能源汽车电机电控领域主要有四类市场参与者：整车企业内部配套、国际先进电机制造商、专业新能源汽车电机制造商、传统电机生产企业，代表型企业见表3.3.4。

表3.3.4 我国新能源汽车电机电控市场参与者

企业类型	代表企业
整车企业内部配套	比亚迪、特斯拉、北汽新能源、宇通客车
国际先进电机制造商	日本电装、博格华纳、博世、采埃孚等
专业新能源汽车电机制造商	深圳大地和、精进电机等
传统电机生产企业	大洋电机、方正电机、卧龙电驱等

根据新能源乘用车保险数据统计，新能源电机 TOP 10 市场表现出市场越来越集中、第三方数量多的特征。电驱动力总成行业竞争激烈。TOP 10 电机配套企业中，三家为整车自有供应链，七家为第三方电机企业，第三方供应商的数量更多，目前仍是不小的力量。

从份额上看，具有整车背景的供应商，比亚迪、特斯拉和蔚来驱动科技的比重越来越高。由于比亚迪 BEV 和 PHEV 销量的大幅增长，弗迪动力电机装机量市占比从 2021 年的 17.9%提升到 2022 年的 29.7%。车企的供应链垂直整合，也在一定程度上影响到第三方的市占比。特斯拉有所下滑，从 11.9%降到 8.8%，这与特斯拉的出口有一定关系。方正电机是唯一一家进入 TOP 3 的第三方企业，且名次很稳定。2022 年方正电机市占比为 7.5%，配套客户主要是五菱、奇瑞、小鹏等车企。日本电装连续三年名次上升，2020 年排在第 7 名，次年提升 1 名，2022 年就成为第 4 名。日本电产主要拿到了广汽埃安、吉利、极氪等的订单，这些主机厂销量火热。联合电子同样进展飞速，三年提升三个名次，2022 年已挺进 TOP 5，其主要配套客户是理想、长城、通用等企业，理想是整车 PHEV 市场的主流玩家。TOP 6~10 竞位赛更为激烈，2022 年新进一家电机企业中车时代电气，其市占比 2.4%，排名第十。中车时代电气的电机主要配套给合众、一汽、长安、五菱等客户车型。蔚来驱动科技、上海电驱动、汇川技术自 2021 年稳居 TOP 10，但常常交换位置。具体见表 3.3.5、表 3.3.6。

表3.3.5　2021年我国乘用车电驱动系统、电机和电控装机量排名

排名	电驱动系统 企业	装机量/套	占比/%	驱动电机 企业	装机量/套	占比/%	电机控制器 企业	装机量/套	占比/%
1	特斯拉	387229	22.2	弗迪动力	583689	17.9	弗迪动力	583689	17.9
2	弗迪动力	330906	19	特斯拉	387229	11.9	特斯拉	387229	11.9
3	蔚来驱动	181604	10.4	方正电机	332068	10.2	汇川技术	307831	9.5
4	日本电产	166736	9.6	上海电驱动	219918	6.8	阳光电动力	210072	6.5
5	汇川技术	86681	5	蔚来驱动	181604	5.6	联合电子	196908	6
6	上海电驱动	85110	4.9	日本电产	166736	5.1	蔚来驱动	181604	5.6
7	上海变速箱	79407	4.5	双林汽车	147050	4.5	上海电驱动	172783	5.3
8	联合电子	71258	4.1	联合电子	141939	4.4	日本电产	166736	5.1
9	小鹏汽车	69018	4	巨一动力	122632	3.8	巨一动力	122632	3.8
10	中车时代	50086	2.9	汇川技术	119716	3.7	英博尔	112447	3.5

表3.3.6　2022年我国乘用车电驱动系统、电机和电控装机量排名

排名	电驱动系统 企业	装机量/套	占比/%	驱动电机 企业	装机量/套	占比/%	电机控制器 企业	装机量/套	占比/%
1	弗迪动力	886928	24.6	弗迪动力	1716548	29.7	弗迪动力	1716548	29.8
2	特斯拉	506789	14.1	特斯拉	506789	8.8	特斯拉	506789	8.8

(续表)

排名	电驱动系统 企业	装机量/套	占比/%	驱动电机 企业	装机量/套	占比/%	电机控制器 企业	装机量/套	占比/%
3	日本电产	330721	9.2	方正电机	435864	7.5	汇川技术	398031	6.9
4	蔚来驱动	240284	6.7	日本电产	330740	5.7	日本电产	330721	5.7
5	联合电子	201177	5.6	联合电子	281189	4.9	阳光电动力	321178	5.6
6	中车时代	166988	4.6	蔚来驱动	240284	4.2	英博尔	290825	5
7	上海电驱动	115334	3.2	上海电驱动	207757	3.6	联合电子	252957	4.4
8	汇川技术	113096	3.1	宁波双林	177758	3.1	蔚来驱动	240284	4.2
9	零跑科技	111117	3.1	汇川技术	169093	2.9	中车时代	195586	3.4
10	巨一动力	105908	2.9	中车时代	166989	2.9	巨一动力	162290	2.8

  由于新能源汽车电机的起步时间并不长，所以还需要从汽车应用的角度入手，让整车企业与电机厂商共同携手来研究制造出满足新能源汽车需求的专用电机。在中国乃至全球范围内，汽车电机都是电机业中的小分支，但是汽车电机制造门槛非常高，尤其是我国的电机驱动系统与国外驱动机系统相比还存在不小的差距与不足，得益于政策的扶持和电机巨头对市场的重视，目前我国的新能源汽车产业正在加快发展步伐。

产　业　篇

　　本篇系统梳理了盐城新能源汽车及配套产业的发展历程、现状和竞争力情况与挑战，针对存在的问题，在整车发展、产业布局、应用推广、技术研发和生态建立等方面进行了深度分析，并提出了整车稳步发展、完善产业布局、提升技术创新、推广应用示范、构建产业生态等方面的建议对策，旨在推动盐城新能源汽车产业健康、可持续发展，以应对日益激烈的市场竞争，为盐城新能源汽车产业的未来发展提供决策参考和启示。

第四章　盐城新能源汽车产业发展现状

第一节　盐城新能源汽车产业发展基础

（一）盐城汽车产业基础

盐城，江苏省辖地级市，东临黄海，南与南通市、泰州市接壤，西与淮安市、扬州市毗邻，北隔灌河与连云港市相望，是江苏省土地面积最大、海岸线最长的地级市。盐城市下辖东台1个县级市和建湖、射阳、阜宁、滨海、响水5个县，以及盐都区、亭湖区、大丰区3个区，另设有盐城经济技术开发区和盐南高新技术产业开发区。盐城处于"一带一路"倡议和长江经济带交汇点，空间广阔、资源富集、环境优美、交通便捷，作为苏北5市唯一跻身入围长三角城市群的城市，拥有对内对外的开放优势、接轨上海的区位优势、配套完善的平台优势、特色鲜明的产业优势、绿色生态的宜居优势。

从产业禀赋来看，盐城四大传统支柱产业为汽车、机械、纺织、化工。2020年后，盐城锚定"勇当沿海地区高质量发展排头兵"目标定位，基于自身传统产业结构特征，紧跟产业发展方向，坚持工业强市，进行转型升级，重新确定了汽车、钢铁、新能源、电子信息四大主导产业。电子信息产业以亭湖区的立铠精密电子，盐都区的东山精密电子、康佳电子等最有名气。钢铁产业主要以大丰区的联鑫钢铁和响水的德龙不锈钢为主。

通过对盐城6500多家企业主营业务进行词云分析，可以看出盐城产业的新旧转换。从企业数量来看，目前占据多数地位的仍然是汽车、机械（包括模具、阀门、管道、纺织机械等）、纺织（包括面料、纤维等）、环保（包括除尘、水处理等）产业；新能源（包括光伏、太阳能、电池等）行业也已崭露头角，可见新能源、新能源汽车与城市资源匹配度高，发展预期较好；钢铁、电子信

第四章　盐城新能源汽车产业发展现状

息类的企业数量相对较少，对城市产业发展的明显支撑尚未显露。盐城产业词云见图4.1.1。

图 4.1.1　盐城产业词云

汽车产业作为盐城经济发展的重要支柱和四大主导产业之一，已在盐城发展20余年。自2002年11月18日第一台千里马轿车下线，盐城汽车产业从无到有、从弱到强、从小到大，现在已经形成以乘用车、客车、专用车及汽车零部件生产为主体的汽车产业体系。截至2023年，盐城有汽车及零部件制造企业700多家，其中规上企业248家。拥有悦达起亚、国新新能源等3家整车生产企业以及悦达专用车、江苏国唐等专用车、商用车企业。

零部件方面，拥有摩比斯、佛吉亚、伟巴斯特、李尔、德纳等全球零部件品牌供应商，本地培育了一批汽车铸造、注塑、涂装、模具制造、线束生产企业。通过对盐城700多家汽车零部件企业主营业务进行词云分析，可以看出盐城现有本地汽车零部件企业的产品范围主要包含动力及制动零部件（离合器、传动轴、刹车片）、行走系统零部件（减震器、轮胎轮毂、车桥）、车身内饰零部件（方向盘、座椅）、车身外饰零部件（保险杠、后视镜、车灯）等领域。盐城市汽车零部件企业主营业务词云见图4.1.2。

图 4.1.2　盐城市汽车零部件企业主营业务词云

47

近年来，盐城积极顺应汽车产业电动化、智能化、网联化发展趋势，利用现有产能加快布局新能源汽车。整车方面，盐城市与韩国起亚签订扩大投资合作协议，计划在新合营期内将悦达起亚二工厂打造为起亚海外首家新能源车生产基地；国新新能源年产 7 万辆纯电动乘用车项目已核准建成；华人运通高合新能源汽车自上市以来，多次荣登 50 万元以上豪华电动车月度销量冠军。核心零部件方面，盐城将动力电池列为重点培育的地标性产业链，先后招引落户了 SK、比亚迪等全球动力电池 10 强企业，蜂巢、捷威等国内动力电池 10 强企业。盐城以整车制造为核心，涵盖从电池关键材料、汽车动力电池到电机、电控和三电总成的新能源汽车全产业链条已初步形成。

（二）盐城新能源汽车产业发展政策

自 2008 年以来，我国共计出台新能源汽车产业国家及地区政策 200 余项，已逐步形成了较为完善的政策体系，从宏观统筹、推广应用、行业管理、财税优惠、技术创新、基础设施等方面全面推动了我国新能源汽车产业快速发展，并初步实现了引领全球的龙头作用。盐城市紧跟产业步伐，根据城市汽车产业资源禀赋，展己所长，推动汽车工业电动化、新能源化转型升级，发布了包含产业推动、财政补贴、推广应用及配套建设等在内的一系列新能源汽车产业发展政策。

在产业推动方面，在 2013 年，盐城出台了《关于加快培育和发展新能源汽车产业发展的实施意见》等初步政策文件；近年来进行了规划上的细化、补充，2021 年发布了《盐城市"十四五"汽车产业高质量发展规划》，阐述了盐城市"十四五"时期汽车产业的发展思路、主要目标、重点任务和保障措施，提出大力发展新能源汽车、氢燃料电池汽车和智能网联汽车，加快上下游产业链条培育完善；2023 年发布的《关于加快推进新能源及智能网联汽车产业高质量发展的政策意见》，从项目招引、创新研发、生产制造、市场开拓、产业链协作、基础设施配套、产业生态发展等 7 个方面，提出围绕新能源汽车产业链短板弱项和缺失环节，招引拥有研发实力、关键技术、核心产品、竞争优势的优质企业，推动强链补链延链，提升产业链整合度和供应链稳定性。

在财政补贴方面，于 2017—2022 年先后发布了各年的《盐城市新能源汽车推广应用地方财政补助实施细则》。盐城新能源汽车推广应用地方财政补贴呈逐步退坡趋势，2017年补贴标准按中央财政补贴额的30%执行，2018年新能源乘用车补助以纯电续航里程进行阶梯划分，2019年则以上年对应标准的0.8倍执行，至2021年，则已取消乘用车补助，对市辖区内新能源公交车和充电设施建设运营单位给予一定的补助。

在推广应用及配套建设方面，先后出台《关于加快新能源汽车推广应用的实施意见》《盐城市电动汽车充电设施专项规划（2018—2020年）》《盐城市新能源汽车充（换）电设施运行监测平台管理办法》《盐城市新能源汽车充电设施布局十四五规划》等政策性文件，形成覆盖规划建设标准、建设责任主体、建设管理及运营服务要求、充电价格及服务收费、充电设施建设补助等方面较为完备的政策体系框架，促进了盐城新能源汽车推广应用及配套充电设施的有序发展。具体见表4.1.1。

表4.1.1　盐城新能源汽车相关政策

时间	政策	主要内容
2013年12月	《加快培育和发展新能源汽车产业发展的实施意见》	初步形成覆盖规划建设标准、建设责任主体、建设管理及运营服务要求、充电价格及服务收费、充电设施建设补助等方面较为完备的政策体系框架，促进了充电设施的有序发展
2015年5月	《关于加快新能源汽车推广应用的实施意见》	分地区、分部门、分领域、分车型对2014年1200辆的推广任务进行细化分解。加快新能源汽车充换电设施建设。编制新能源汽车充电设施规划，强化在公共场所和新建小区充电设施建设，研究制定充电基础设施新建小区配套建设和老小区改造方案
2017年12月	《2017年盐城市新能源汽车推广应用财政补贴实施细则》	对本市范围内新能源汽车购买者和公共服务领域充电设施建设运营单位给予补贴。提出充电设施建设补助标准
2018年4月	《盐城市电动汽车充电设施专项规划（2018—2020年）》	确定坚持以纯电驱动为新能源汽车发展的主要战略取向，将充电设施建设放在更加重要的位置。提出构建充电设施网络体系，打造充电智能服务平台，创新充电设施发展模式，提升服务支撑保障能力

（续表）

时间	政策	主要内容
2019年4月	《盐城市打赢蓝天保卫战实施方案》	提出至2020年的全市公交、环卫、港口货场等公共事务用车的新能源汽车推广目标。并要求在物流园、产业园、工业园、大型商业购物中心、农贸批发市场等物流集散地建设集中式充电桩和快速充电桩
2020年5月	《2019年盐城市新能源汽车推广应用地方财政补助实施细则》	对新能源乘用车根据续驶里程不同部分给予0.3万~1.3万元补助，对新能源客车给予0.3万~3.6万元补助，对燃料电池汽车给予5万~12万元补助，对新能源货车和专用车给予1万元补助，对充电设施建设补助标准为交流充电桩每千瓦300元、直流充电桩每千瓦600元，单个充电站或充电桩群的补助总额不超过100万元。补贴力度相较于前一年有较大提升
2020年5月	《关于推进全市新型基础设施建设的实施意见》	加快推进新型基础设施建设，发挥"新基建"乘数效应，丰富拓展新型基础设施应用场景，不断提高城市发展能级；推动"新基建"融合发展，加快促进产业链转型升级，培育壮大经济发展新动能。"新基建"重点项目建设涉及新能源及装备18个、汽车及关联领域9个、新能源汽车充电桩及关联领域8个
2021年7月	《盐城市"十四五"汽车产业高质量发展规划》	阐述了盐城市"十四五"时期汽车产业的发展思路、主要目标、重点任务和保障措施，提出完善多元化格局，继续巩固传统优势产业，做精做强商用车及专用车，培育壮大优势产业。大力发展新能源汽车、氢燃料电池汽车和智能网联汽车，加快上下游产业链条培育完善
2021年7月	《盐城市"十四五"综合交通运输发展规划》	加快专用充电站和快速充电桩规划建设，建成1.8万套充电设施，盐城市区基本建成公共充电基础设施网络体系。到2025年，公交车、出租车、城市配送车辆、新能源船舶清洁能源使用比例均达到100%，大市区绿色交通出行分担率达75%

第四章 盐城新能源汽车产业发展现状

（续表）

时间	政策	主要内容
2021年8月	《支持先进制造业加快发展的若干政策意见》	鼓励企业做大做强，推进产业项目建设、加快制造业数字化转型，支持产业创新发展，强化绿色集约发展，提升中小企业竞争力。对符合以上要求的企业给予补助和奖励
2021年11月	《2020年盐城市新能源汽车推广应用地方财政补助实施细则》	对燃料电池汽车乘用车、轻型客车及货车、大中型客车及中重型货车，分别给予3.6万元、5.04万元和8.64万元的财政补助，并对本市辖区内新能源公交车及充电设施建设运营单位给予相应的资金补贴
2022年9月	《盐城市产业链赋能行动方案》	组织实施产业链供应链协同行动、产业链资金链融通行动、产业链补链延链强链行动、产业链创新链融合行动、产业链服务链协作等五大行动，通过建设"产链通"平台、开展供需对接活动、培育重点企业梯队、推动协同研发创新等27项具体任务落实，推动产业链上下游协同协作，提升重点产业链现代化水平
2023年4月	《盐城市重点产业链培育行动计划》	扩大动力电池产业链，预计2025年规模超千亿级，引进和培育一批具有较强竞争力、占据价值链中高端的头部企业落户盐城，电池片、组件出货量占全国比重超过10%，动力电池产能力争突破200GWh。每条产业链建成一个研究院、一个专业孵化器、一个技术创新联盟
2023年4月	《关于印发进一步释放消费潜力促进消费持续恢复政策措施的通知》	鼓励各地发放汽车消费券，个人消费者随机抽取，在市内购置单车价格（不含增值税）不超过30万元的2.0L及以下排量乘用车并上牌的，在减半征收车辆购置税的基础上，凭消费券到汽车销售企业兑付返还现金

（三）盐城新能源汽车推广应用

1. 新能源汽车推广应用情况

近年来，盐城市为了进一步促进新能源汽车的发展，积极进行新能源汽车推广应用。《盐城市电动汽车充电设施专项规划（2018—2020年）》数据显示，截至 2017 年，全市推广新能源汽车 3685 辆标准车，该阶段以公务用车、巡游出租车推广为主。2018 年后，新能源私人乘用车数量逐年增长，2021 年盐城新能源汽车新增量约为 9000 台，保有量约为 25000 台。2022 年盐城市工信局数据显示，2022 年 1—9 月，全市推广新能源汽车 15168 辆，新能源汽车保有量达 40126 辆，公交领域新增或更新新能源汽车占比超过 90%，大市区 1173 辆巡游出租车全部更新为纯电动汽车。具体见表 4.1.2。

表 4.1.2 盐城新能源汽车保有量统计

单位：辆

年份	公交车	专用车	乘用车 公务	乘用车 私人	乘用车 其他	合计	乘用车新增	总新增
2015	412	2827	72	155	462	3928	—	—
2016	758	3063	89	259	684	4853	343	925
2017	1074	3362	108	598	877	6019	551	1166
2018	1461	3537	3050			8048	1467	2029
2019	1786	3548	133	3471	2956	11894	3510	3846
2020	2084	3560	309	6073	3776	15802	3598	3908
2021	2535	3724	18599			24858	8441	9056
2022.09	—					40126	—	15168

数据来源：2015—2017 年数据来源于《盐城市电动汽车充电设施专项规划（2018—2020年）》，2018—2021 年数据来源于历年《节能与新能源汽车年鉴》。

得益于 2021 及 2022 年的销量高增长，近两年来全国新能源汽车保有量迅速增加，由 2020 年的 492 万辆增长至 2022 年的 1310 万辆，新能源汽车保有量占汽车总保有量的比重也由1.75%增长至4.11%。江苏省作为全国新能源汽车推广效果较好的省份之一，截至2022年新能源汽车保有量达到近100万辆，占汽车总保有量的比重为4.3%，明显高于全国比重。2022年盐城市新能源汽车保有量约为4.7万辆，占汽车总保有量比重约为3.51%，不仅低于江苏省比重，且低于全国比重。具体见表4.1.3。

表4.1.3　全国、江苏省及盐城市近年来汽车及新能源汽车保有量

分类		2020年	2021年	2022年
全国	新能源汽车保有量/万辆	492	784	1310
	汽车保有量/万辆	28087	30151	31903
	新能源汽车占比/%	1.75	2.60	4.11
江苏省	新能源汽车保有量/万辆	27.4	50.51	99.1
	占全国比重/%	5.57	6.44	7.56
	江苏省汽车保有量/万辆	2044.4	2187	2305.8
	新能源汽车占比/%	1.34	2.31	4.30
盐城市	新能源汽车保有量/万辆	1.58	2.33	4.7
	汽车保有量/万辆	114.37	123.97	134.0
	新能源汽车占比/%	1.38	1.88	3.51

2. 充电设施建设情况

充电桩作为新能源汽车的配套基础设施，在推动新能源汽车发展过程中起到非常重要的作用。《盐城市电动汽车充电设施专项规划（2018—2020年）》数据显示：截至2017年年底，全市建成充电站48座，布设各类充电桩1999个，车桩总体比例约4∶1，直流充电桩与交流充电桩比例约1∶1。《节能与新能源汽车年鉴》数据显示：2018年，全市新建充电设施456个，其中直流充电桩126个、交流充电桩330个，均超额完成省下达目标任务；截至2019年年底，充电桩保有量2878台，其中公共充电桩1816台、专用桩886台、私人自用桩176台，直流桩1126台、交流桩1752台；2021年，全市新建充电桩3455台，其中直流556台、交流2899台，截至2021年年底，全市充电桩保有量8015

台，其中公共桩 3118 台、私人桩 4897 台。盐城市工业和信息化局数据显示：截至 2023 年 5 月，盐城现有充电设施建设运营单位 13 家，建成各类充电设施 2 万余个。具体见图 4.1.3。

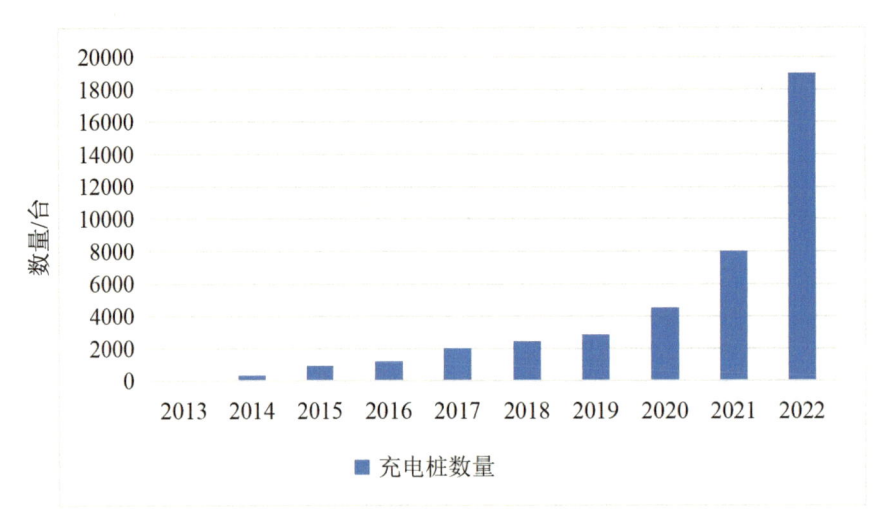

图 4.1.3 盐城市 2013—2022 年充电桩保有量

新能源汽车的发展离不开充电基础设施，而随着充电桩产业链各环节的供应趋于稳定，该行业的发展也正在加速。据相关数据统计，截至 2022 年年底，我国新能源汽车保有量已达到 1310 万辆，而充电桩保有量也达到了 521 万台，车桩比为 2.5∶1。江苏省新能源汽车保有量为 99.1 万辆，充电桩保有量为 50.82 万台，车桩比为 1.95∶1。而盐城市 2020 年总体车桩比约为 3.4∶1，至 2021 年降低为 2.9∶1，截至 2022 年，盐城市车桩比约为 1.65∶1。具体见表 4.1.4。

表 4.1.4 全国、江苏省及盐城市近年来新能源汽车、充电桩保有量及车桩比

	分类	2020 年	2021 年	2022 年
全国	新能源汽车保有量/万辆	492	784	1310
	充电桩保有量/万台	132.2	261.7	521
	车桩比（总体）	3.72∶1	2.99∶1	2.5∶1
	车桩比（公共充电桩）	6.10∶1	6.84∶1	5.05∶1

（续表）

江苏省	新能源汽车保有量/万辆	27.4	50.51	99.1
	充电桩保有量/万台	12.5	23.53	50.82
	车桩比（总体）	2.2∶1	2.1∶1	1.95∶1
	车桩比（公共充电桩）	3.6∶1	5.2∶1	7.6∶1
盐城市	新能源汽车保有量/万辆	1.58	2.33	4.7
	充电桩保有量/万台	0.46	0.8	1.9
	车桩比（总体）	3.4∶1	2.9∶1	2.47∶1

课题组根据国家电网、特来电、星星充电、普天新能源、小桔快充 5 家主流充电桩运营商 App 数据，统计了盐城各县区现有不同运营商公共充电桩数量。根据统计，截至 2023 年 5 月，5 家充电桩运营单位在盐城共设公共充电桩 3100 余台，其中快充近 2000 台、慢充 1100 余台。其中盐都区、亭湖区公用充电桩数量均大于 500 台，其因星星充电在盐都区布置有两个慢充数量近 200 台的充电站，故盐都区慢充数量远超其他县区；东台市、射阳县公用充电桩数量为第二梯队，分别是 265 台、368 台；其余县区在 150～200 之间。市区公用充电桩大部分布置于商场、医院、产业园等公用停车场，县区则主要布置于政府、学校、供电所等处。具体见表 4.1.5。

表 4.1.5 盐城各县区现有不同运营商公共充电桩数量表

地区	盐都			亭湖			大丰		
品牌/种类	总	慢	快	总	慢	快	总	慢	快
国家电网	240	31	209	161	5	156	152	38	114
特来电	81	12	69	95	16	79	17	2	15
星星充电	611	472	139	66	25	41	20	0	20
普天新能源	193	135	58	204	133	71	0	0	0
小桔快充	35	0	35	12	0	12	0	0	0
合计	1160	650	510	538	179	359	189	40	149

(续表)

地区	射阳			东台			建湖		
品牌/种类	总	慢	快	总	慢	快	总	慢	快
国家电网	94	4	90	85	15	70	30	0	30
特来电	199	45	154	145	26	119	158	2	156
星星充电	24	12	12	24	10	14	0	0	0
普天新能源	51	40	11	11	9	2	6	6	0
小桔快充	0	0	0	0	0	0	0	0	0
合计	368	101	267	265	60	205	194	8	186

地区	阜宁			滨海			响水			总		
品牌/种类	总	慢	快	总	慢	快	总	慢	快	总	慢	快
国家电网	29	7	22	36	4	32	46	0	46	873	104	769
特来电	121	23	98	17	0	17	98	9	89	931	135	796
星星充电	0	0	0	79	79	0	0	0	0	824	598	226
普天新能源	0	0	0	5	3	2	0	0	0	470	326	144
小桔快充	0	0	0	0	0	0	0	0	0	47	0	47
合计	150	30	120	137	86	51	144	9	135	3145	1163	1982

3. 氢燃料电池汽车及加氢站建设情况

盐城具有丰富的工业副产氢、氯碱化工企业，每年约有纯度99.92%不含硫的副产氢20000 t，稍加提纯就可满足燃料电池所需要的99.99%氢气。盐城还有丰富的风、光可再生能源用于制氢，为燃料电池汽车推广应用提供了更多的资源保障。

2018年，盐城入选全国"促进中国燃料电池汽车商业化发展项目"5个氢燃料电池汽车示范运营城市之一。2019年11月20日，盐城市首条氢燃料电池公交示范线开通，10辆氢燃料电池公交客车在高新区上线运营，10辆氢燃料电池车为南京金龙客车制造有限公司生产的12米开沃牌燃料电池公交大巴，氢燃料电池动力总成由江苏兴邦能源科技有限公司提供，电堆采用的是加拿大巴拉德公司产品，模组集成、动力系统安装调试由江苏兴邦能源科技有限公司完成。盐城一次性投放 10 辆 12 米氢燃料电池公交客车，既推动了氢能示范应用、加快了氢能产业链建设，也提升了群众出行的舒适度和满意度。

目前，盐城市区拥有 2 座加氢站，分别位于盐城高新区加氢站和新能源汽车产业园。

盐城高新区大马沟创咏加氢站项目于 2019 年 11 月 20 日投入运行，站点位于高新区大马沟东、盐渎路南加氢站地块，占地 6990 m²。项目投资方盐城创咏加氢站管理服务有限公司成立于 2018 年 2 月，盐城创咏新能源投资有限公司持股 55%，江苏兴邦能源科技有限公司持股 5%。上海舜华新能源系统有限公司提供综合整体解决方案。该站日加氢能力可达 1000 kg，可保证每天 100 余辆氢能源公交车的正常行驶，站内设置有 2 台双枪加氢机同时操作。

新能源汽车产业园加氢站是江苏省首座制氢、加氢一体化站及燃料电池实验室项目，于 2020 年 12 月底开工建设。该项目由长三角新能源汽车研究院提供技术方案支持，东风设计研究院设计，利用 1 MW 屋顶光伏微网实现站内电解水制氢，占地面积 3400 m²，总投资 1200 万元，设计制氢、加氢能力为 200 kg/天、500 kg/天，配备 120 kW 燃料电池系统试验、检测设备。

第二节　盐城新能源汽车产业结构及布局

（一）盐城新能源汽车及动力电池产业链

新能源汽车是采用非常规的车用燃料作为动力来源，综合车辆的动力控制和驱动方面的先进技术，具有新技术、新结构的汽车。与传统汽车产业链相比，新能源汽车是一个全新的产业赛道，形成了整车制造与核心零部件共举的新型产业格局。新能源汽车产业链由原材料及顶层技术、部件及整车装配及后市场构成。

新能源汽车产业链上游主要是核心原材料及核心零部件。核心零部件分别是动力电池、电机及电控系统，合称三电系统。动力电池是新能源汽车的"能量"来源，而驱动电机、电控系统作为传统发动机功能的替代，其性能直接决定电动汽车的爬坡、加速、最高速度等主要性能指标。三电系统是决定新能源汽车性能的关键，占整车成本约70%。因此，深耕三电系统行业是新能源车企打造核心竞争力的关键，也是我国新能源汽车行业快速发展的基石。中游整车装配是关键环节，整车制造是新能源汽车产业链中最重要的一环，目前在我国新能源汽车市场主要包括纯电动新能源汽车、插电式混合动力汽车和燃料电池汽车等。产业链的下游，可分为充电服务和后市场服务，充电桩建设是新能源汽车发展的重要支撑。

盐城汽车产业链已呈现出多元发展的趋势，形成了整车企业带动、动力电池为品牌、关键零部件加快发展的产业链格局。见图4.2.1。

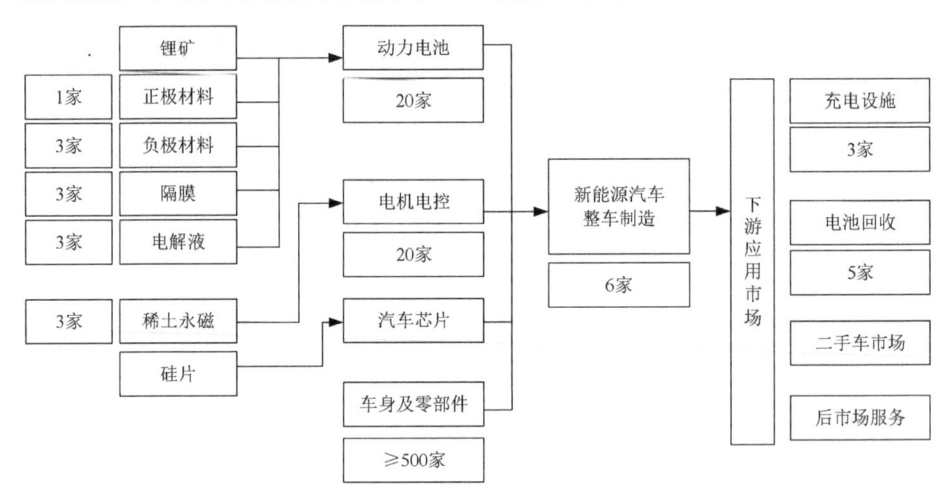

图 4.2.1 盐城新能源汽车产业链企业数量

1. 整车及零部件制造基础深厚

在整车制造领域，盐城现有3家新能源乘用车整车生产企业，分别为江苏悦达起亚、华人运通高合、国新新能源，其中华人运通与悦达起亚通过产能合作，利用悦达起亚一工厂作为生产基地生产新能源汽车；3家新能源商用车、专业车改装型生产企业，分别为国润新能源商用车、悦达专用车、国唐汽车新能源客车。目前，盐城新能源汽车企业产品涵盖了乘用车、公交客车、专用车、特种车等车型。见表4.2.1。

表 4.2.1　盐城整车企业产品

企业	类型	产品
悦达起亚	乘用车	K3 纯电动，K5 插电混动 EV5，EV6
华人运通	乘用车	高合 HIPhi X，HIPhi Z，HIPhi Y
国新新能源	乘用车	翼刻 ET300
国润新能源	商用车	充换电一体化牵引车，充换电一体化自卸车，氢燃料电池半挂牵引车，智能港口集装箱运输车，智能监护型救护车
国唐汽车	商用车	新能源客车，无人集运车
悦达专用车	专用车	后装压缩式垃圾车，多功能洗扫车，物流车

2. 动力电池产业链实现闭环

动力电池产业链是盐城重点打造的地标性产业链。近年来，盐城抢抓行业风口机遇，依托汽车及新能源汽车产业基础，通过开展链式招商不断健全完善动力电池产业链，集聚了 SK、比亚迪弗迪、蜂巢能源、捷威动力、江苏耀宁、星恒电源、江苏益佳通等动力电池企业，为盐城动力电池产业的发展注入了强大的动力，使得盐城成为长三角地区乃至全国动力电池产业的重要基地之一。见表 4.2.2。

表 4.2.2　盐城动力电池项目一览

企业	项目规模/GWh 已投产	项目规模/GWh 未投产	总投资/亿元
SK 新能源（一期）	27	—	140.7
SK 新能源（二期）	30	—	177.1
比亚迪（一期）	15	—	150
比亚迪（二期）	—	15	
蜂巢能源	22.3	—	116
捷威动力	6.5	—	—

(续表)

企业	项目规模/GWh 已投产	项目规模/GWh 未投产	总投资/亿元
星恒电源	16	—	50
佳益通（一期）	6	—	60
佳益通（二期）	—	6	
智泰新能源	20	—	100
江苏耀宁科技	—	12	—

  这些动力电池企业的落户，也引领带动上下游产业链项目集聚，涵盖动力电池电芯、模组、电池包、正极材料（江苏珩创纳米科技有限公司、江苏远沃新能源有限公司等）、负极材料（江苏贝肯盛创新能源科技有限公司、江苏舜天高新炭材有限公司等）、隔膜材料（盐城衡川新能源材料科技有限公司、盐城博盛新能源有限公司等）、电解液材料（盐城市凯威化工有限公司、江苏丰山全诺新能源有限公司等）、结构件材料、成套设备以及研发检测、储能快充、回收利用（盐城鎏明新能源科技有限公司等）领域较为完整的动力电池全产业链条正在加速形成。见表4.2.3。

表4.2.3 盐城动力电池上下游企业一览

类型	名称	所在地	成立时间	产能
正极	江苏珩创纳米科技有限公司	盐城经开区	2022.02	5000 t
负极	江苏贝肯盛创新能源科技有限公司	建湖高新区	2017.07	1 万 t
负极	江苏舜天高新炭材有限公司	东台市	2008.08	2700 t
负极	江苏凯金新能源科技有限公司	滨海经济区	2021.12	20 万 t
隔膜	江苏贝肯盛创新能源科技有限公司	建湖高新区	2017.07	6000 万 m²
隔膜	盐城衡川新能源材料科技有限公司	盐城经开区	2022.01	—
隔膜	盐城博盛新能源有限公司	盐都区	2021.04	5 亿 m²

（续表）

类型	名称	所在地	成立时间	产能
电解液	盐城市凯威化工有限公司	阜宁经开区	2005.12	1500 t
	江苏丰山全诺新能源科技有限公司	大丰区	2022.01	10 万 t
	盐城金晖高新材料有限公司	滨海县	2022.11	20 万 t
回收	江苏远沃新能源有限公司	盐城经开区	2018.02	500 t
	盐城星创资源循环利用有限公司	东台市	2014.12	—
	江苏天能新材料有限公司	滨海经开区	2022.02	—
	盐城鎏明新能源科技有限公司	盐城经开区	2020.01	1 万 t
	盐城凯林格环保科技有限公司	大丰区	2020.08	1 万 t

3. 产业整体产业链初步完善

考察盐城新能源汽车及动力电池产业链，有如下特点：一是整车、动力电池等"链主"企业实力强劲，但是运行质态不够优质。无论是悦达起亚、华人运通等整车企业，还是比亚迪弗迪、SK 这样的动力电池企业，在盐城落户的"链主"多为生产基地型企业，不仅在运营、管理等环节缺乏话语权，产品附加值低，其核心技术也由韩国起亚、上海华人运通、深圳比亚迪等控股母公司或总部公司提供。二是产业链布局初步完善，但部分环节缺项或实力较弱。如动力电池上游正负极材料、电解液企业能级需要进一步提升；悦达起亚新能源汽车驱动电机由摩比斯从韩国进口，本地配套电机企业仍以电子驻车制动马达、汽车座椅马达等辅助电机为主。三是产业上下游协同协作逐渐展开，但总体水平不高。产业链企业多集中在中游组装、制造环节，上游的材料、装备和下游的应用偏少，本地供应和销售比例都较低。同时"链主"企业协作配套体系成熟稳固，本地可替代产品进入其供应链存在壁垒，如华人运通等新能源整车企业配套使用的动力电池均与宁德时代进行合作，SK、比亚迪等动力电池龙头企业在隔膜、正负极材料等方面也有固定的供应商，未与市内企业形成配套。见图 4.2.2。

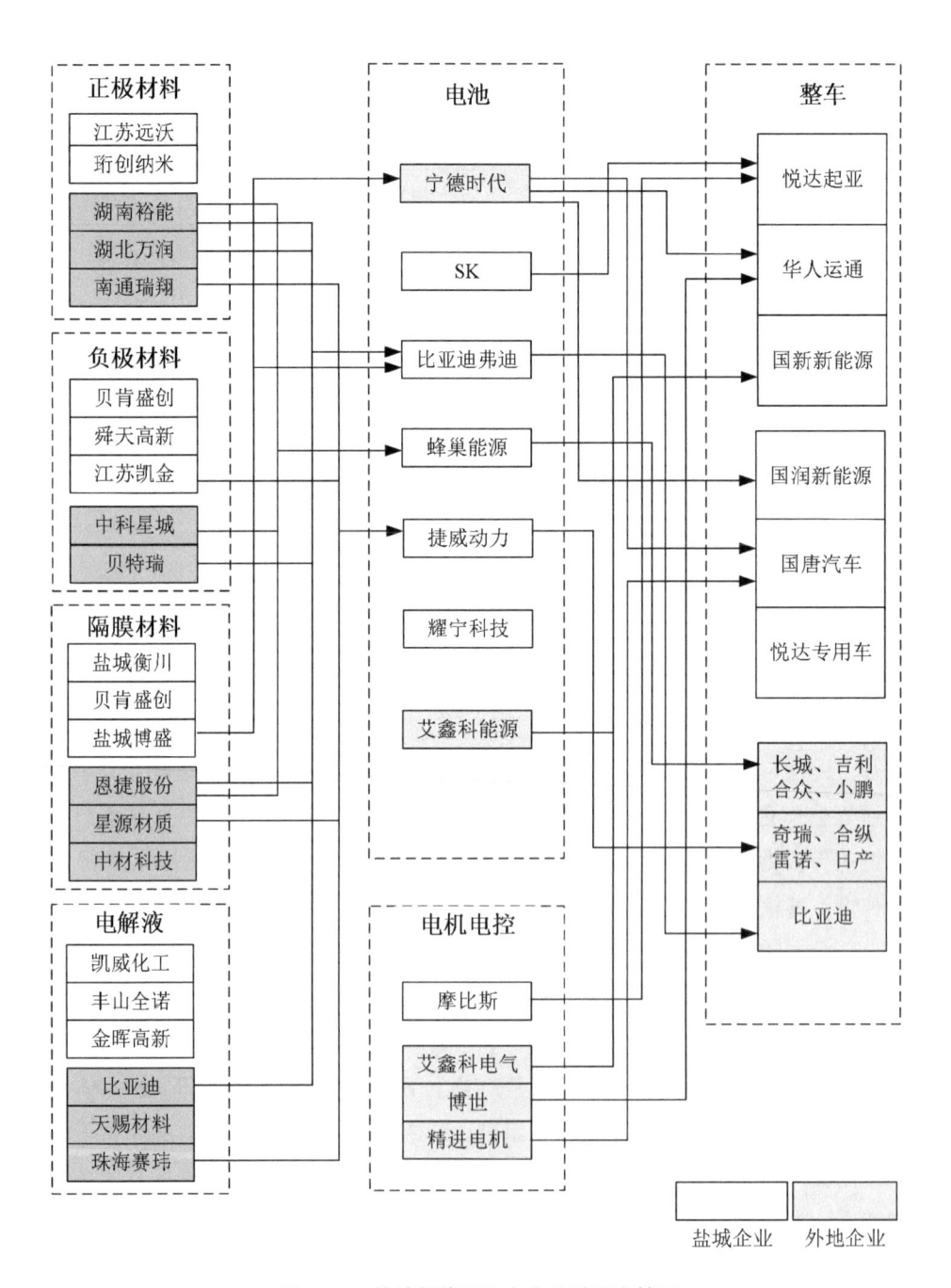

图 4.2.2 盐城新能源汽车产业链配套情况

（二）盐城新能源汽车产业集群布局

盐城市构建落实长三角一体化战略、江苏沿海高质量发展战略，推动盐城"开放沿海、接轨上海，绿色转型、绿色跨越"战略的实施，在盐城市域形成"一核、一极、三带"的空间结构，其中"一核"为盐丰一体化核心发展区，"一极"为滨海港新兴增长极（黄海新区），"三带"为沿海、沿204—串场河、沿西部湖荡—淮河。为了进一步推动战略性新兴产业融合集群发展，盐城坚持系统思维谋划"5+2"战略性新兴产业，"5"即大力发展新能源汽车及核心零部件、新能源、新一代信息技术、新材料、大健康五大产业，"2"为加快布局数字经济、海洋经济两大产业。见图4.2.3。

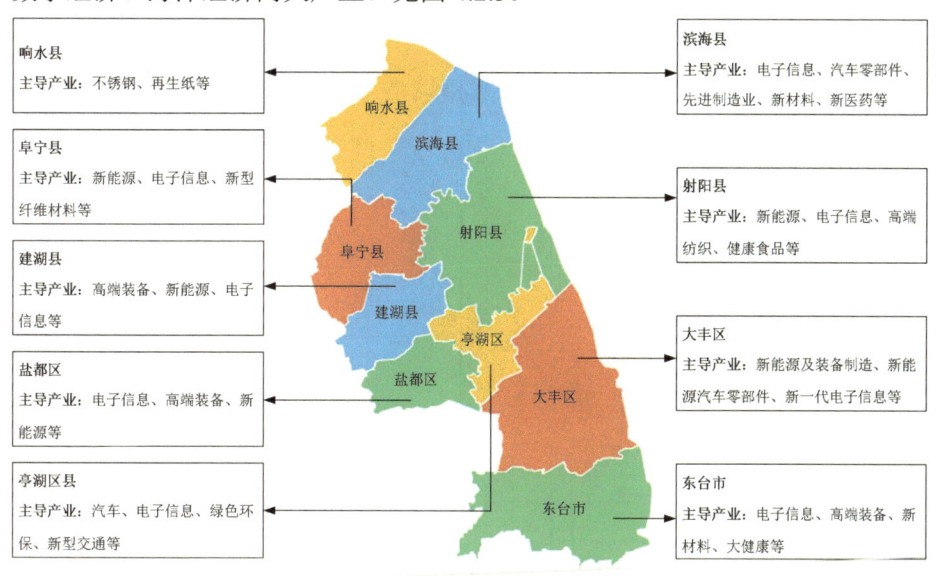

图 4.2.3　盐城各县区新兴产业布局

盐城新能源汽车产业集群初步形成，市、县（区）联动的新能源（光伏、储能电池）、新能源汽车（动力电池）的集聚格局初具雏形。与新能源汽车相关的区域主要为盐城经济技术开发区、盐都区、大丰经济开发区、大丰港汽车产业集中区以及建湖县、射阳县等部分板块。形成了以盐城经济技术开发区为全产业发展核心，大丰区和盐都区为汽车零部件、汽车服务业聚集区，亭湖区、建湖县、滨海县、阜宁县、射阳县等其他区县协同发展的"一核两翼多点"的汽车产业发展格局。见图4.2.4。

滨海县
动力电池电解液：江苏凯金
动力电池负极材料：金晖高新材料
锂电池电解液、江苏天能新材料

射阳县
动力电池：比亚迪弗迪、江苏亿斯特、江苏科德丰

大丰港汽车产业集中区
动力电池电解液：江苏丰山全诺
锂电池回收：盐城凯林格环保
汽车试验：中汽研汽车试验场

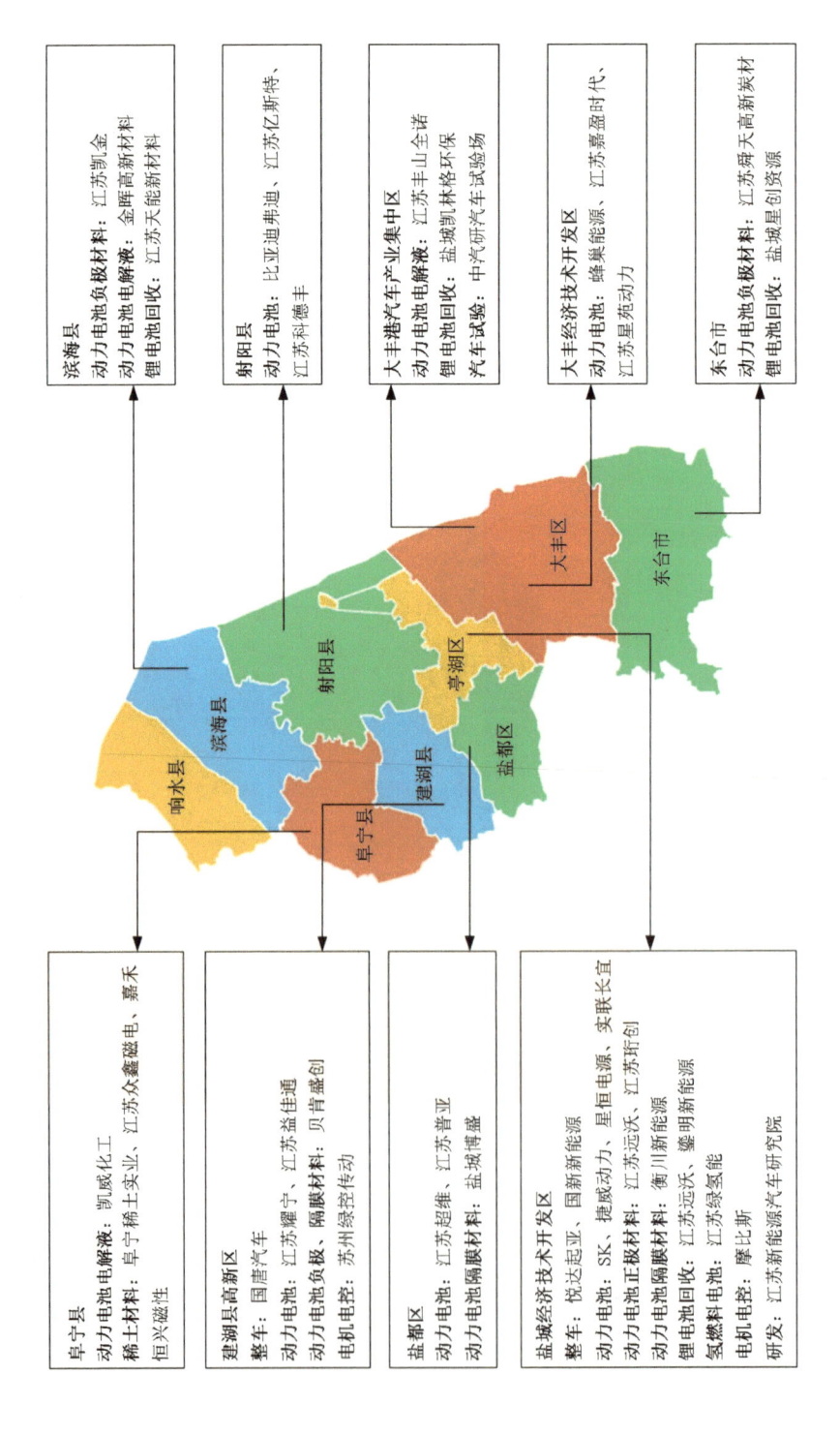

大丰经济技术开发区
动力电池：蜂巢能源、江苏嘉盛时代、江苏星苑动力

东台市
动力电池负极材料：江苏舜天高新炭材
锂电池回收：盐城星创资源

阜宁县
动力电池电解液：凯威化工
稀土材料：阜宁稀土实业、江苏众鑫磁电、嘉禾恒兴磁性

建湖县高新区
整车：国信汽车
动力电池负极、江苏耀宁、江苏益佳通
动力电池隔膜材料：贝肯盛创
电机电控：苏州绿控传动

盐都区
动力电池：江苏超维、江苏普亚
动力电池隔膜材料：盐城博盛

盐城经济技术开发区
整车：悦达起亚、SK、国新新能源
动力电池：捷威动力、星恒电源、实联长宜
动力电池正极材料：江苏远华、江苏厮创
锂电池回收：衡川新能源、鉴明新能源
氢燃料电池：江苏远沃、绿氢能
电机电控：摩比新
研发：江苏新能源汽车研究院

图 4.2.4 盐城新能源汽车产业地图

第四章　盐城新能源汽车产业发展现状

盐城经济技术开发区是盐城汽车全产业发展的核心区域，是保障盐城汽车产业规模持续扩大、发展质量稳步提升的基石，也是推动实现盐城汽车产业向"四化"转型升级的核心载体。盐城经开区已培育发展悦达起亚、华人运通等新能源整车企业4家；集聚新能源汽车动力电池产业链企业24家，其中韩国SK、天津捷威、星恒动力等动力电池厂商12家，衡川新能源、江苏珩创纳米等上游电池材料及设备供应企业6家，下游动力电池研发检测等企业6家。区内已初步形成了集整车制造、动力电池及上游材料、零部件制造、汽车研发和汽车服务业于一体的汽车全产业链先进制造业集群。区内新能源汽车产业园是江苏省首家新能源汽车产业基地，成立于2010年，总辖区面积7.84 km^2。新能源汽车产业园围绕新能源汽车产业定位，重点发展整车、汽车电子、智能制造、汽车服务业及新能源汽车推广应用等，产业园现集聚汽车产业链企业95家。其中整车企业4家，汽车零部件企业58家，研发（检测）平台8家，汽车贸易企业25家。园区共有"四上"企业19家，其中，整车企业2家、汽车零部件企业16家、研发检测平台1家。经过多年的发展，新能源汽车形成了一定产业规模，成为江苏省新能源汽车产业产学研协同创新基地、江苏省汽车服务业集聚示范区。

江苏大丰经济开发区大力发展新能源汽车及零部件产业，坚持"一主多元"发展理念，鼓励企业转型升级，开拓新兴市场。重点发展精铸精锻、冲压铸件、金属处理、模具检具、法兰轴、万向节、涡轮增压器等零部件。目前，开发区共集聚规模以上汽车零部件企业17家，主要以本土传统汽车冷温精密锻件企业，以及后招引的韩资企业（汽车车身冲压件）两大部分为主。经过多年的发展，新能源汽车及零部件产业发展初具规模，建有国家火炬盐城大丰汽车零部件产业基地。

大丰港汽车产业集中区规划面积为14.8 km^2，集中区的发展定位为：建成中国（东部）汽车研发测试集聚区，打造具有盐城特色的综合型汽车产业基地。集中区内中汽研汽车试验场股份有限公司聚焦汽车试验监测业务；此外，悦达汽车（大丰）科创园也在快速推进，建成后将以智能网联汽车测试研发工作平台为主要定位，致力于打造成盐城汽车产业的研发集聚区。

盐都区则依托盐都汽车零部件产业园、盐城海外海汽车城等产业聚集区，重点围绕汽车冲压件、车身内外饰、座椅、消声器、制动片等零部件的轻量化、高端化发展，积极发展智能座舱等高端产品，做强现有汽车产业。建湖县与射阳县是盐城新能源产业集聚发展区域，重点打造光伏、电池及配套产业群，同时引进了比亚迪弗迪、江苏亿斯特、江苏耀宁、贝肯盛创等动力电池上下游企业。阜宁县、滨海县也依托本地产业基础，发展动力电池上游材料、电机稀土材料等产业，为全市整车及零部件龙头企业开展配套发展零部件产业，打造盐城多层次的汽车产业集群布局。

（三）盐城新能源汽车及动力电池重点企业介绍

1. New Kia 战略重整下的悦达起亚

江苏悦达起亚汽车有限公司，是由江苏悦达集团、韩国起亚自动车株式会社共同组建的中外合资轿车制造企业，公司 2002 年成立，注册资本 6.24 亿美元，总资产 150 多亿元，在盐城建成 3 个工厂，共 90 万台产能规模，其中一工厂 15 万台产能与华人运通合作，二工厂 30 万台产能，三工厂 45 万台产能。

悦达起亚汽车的发展，有三个重要时间节点，分别是 2012 年、2015 年、2017 年。相应地形成了盐城汽车产业高速增长、平稳运行、高位徘徊、断崖下降四个阶段：2012 年以前，悦达起亚汽车产销增速一直好于全国；2012 年以后三年与全国平均水平趋同；2015—2016 年，悦达起亚产销量虽然飙升至 65 万辆，处于高位，但也进入增长停滞期，增速明显低于全国平均水平；2017 年后，产销速度断崖式下降，产销量在全国排名直线下滑。悦达起亚在中国销售下滑的原因，主要有高性价比产品市场空间受国产品牌追赶挤压、在华投放车型安全性评价不如北美市场同款车型、经销商盈利不佳加速退网等。

虽然在华表现不佳，但以现代起亚集团为代表的韩系车在全球市场上常年位居前列。2022 年，现代起亚集团全球销量达 684.5 万辆，仅次于丰田和大众之后，这也是现代起亚首次在全球销量中排名第三。在电动化转型方面，现代起亚集团新能源车型布局完善程度超过日本品牌，油电混动、插电式混动、纯电动、氢燃料电池车，均有量产车型。从业绩上看，2022 年起亚 EV 6 全年销量近 8 万辆，超过其在中国市场的所有车型总销量。

在此背景下，2022 年起亚重新拉弓发力，确立了 New Kia 中国战略，明确了起亚坚定不移深耕中国市场的决心，从品牌、产品、渠道、营销、服务等方面进行焕新。悦达起亚也同时以"一切向新"的组织文化进行了相应调整，重塑业务体系，加速本土化改革，加大引入专业的本土化人才力度，加速推进向电动化品牌转型。

专栏一　悦达起亚 New Kia 中国战略

2022年2月6日，韩国起亚株式会社与盐城市人民政府、江苏悦达集团联合举行了扩大投资合作签约仪式，与悦达集团组建全新的合营公司，通过增加投资、强化与中国伙伴的合作力度、积极导入产品和经营理念，实现品牌在中国市场的复苏。2023年3月20日，起亚于上海举办起亚中国新能源战略发布会，表示2023年是悦达起亚进军中国电动车市场的元年，此后起亚每年将在中国市场推出至少一款基于电动化全球模块型平台E-GMP开发的纯电动汽车，到2027年，共计将推出6款EV车型；到2030年，预计实现年销量45万辆，其中EV车型年销18万辆，销量占比40%。

目前，起亚已公布了三款纯电车型：EV6 GT、EV5概念车和EV9概念车。其中，EV6 GT为起亚E-GMP平台打造的首款电动车，已在欧美市场先行上市，于2023年8月以进口形式引入国内销售；中型SUV EV5将引入悦达起亚生产，计划于2023年11月正式在国内上市。起亚中国的新能源战略将按照"高中低"三条路来走，除了EV5、EV6代表的中高端路线外，未来针对下沉市场还将推出应对车型，实现产品线全覆盖。

---

2. 聚焦于未来交通产业的华人运通

华人运通有限公司是一家专注于未来智能交通产业的出行科技创新公司，业务范畴涉及新能源汽车整车、智能网联技术开发、智能驾驶技术开发、智慧城市交通运行管理等一系列聚焦于未来交通产业的关联产业。华人运通（江苏）技术有限公司于2017年在盐城市政府及多方资本支持下成立，2019年6月江苏悦达集团、华人运通（江苏）技术有限公司、江苏悦达起亚三方签订战略合作协议，由华人运通对悦达起亚一工厂适应性改造，利用江苏悦达起亚资质进行生产经营，实现研发运营在上海、生产制造在盐城的三方合作模式，成为产业新旧动能转化发展的新动能。

2021年3月，华人运通旗下首款电动汽车产品高合 HiPhi X 上市，2022年12月，第二款旗舰车型 HiPhi Z 首批量产车正式下线交付。高合销量2021年4237辆，2022年4520辆，成为50万元以上豪华电动车单车型全年销量冠军。高合汽车正式进入双旗舰瀑布式发展新阶段。见图4.2.5。

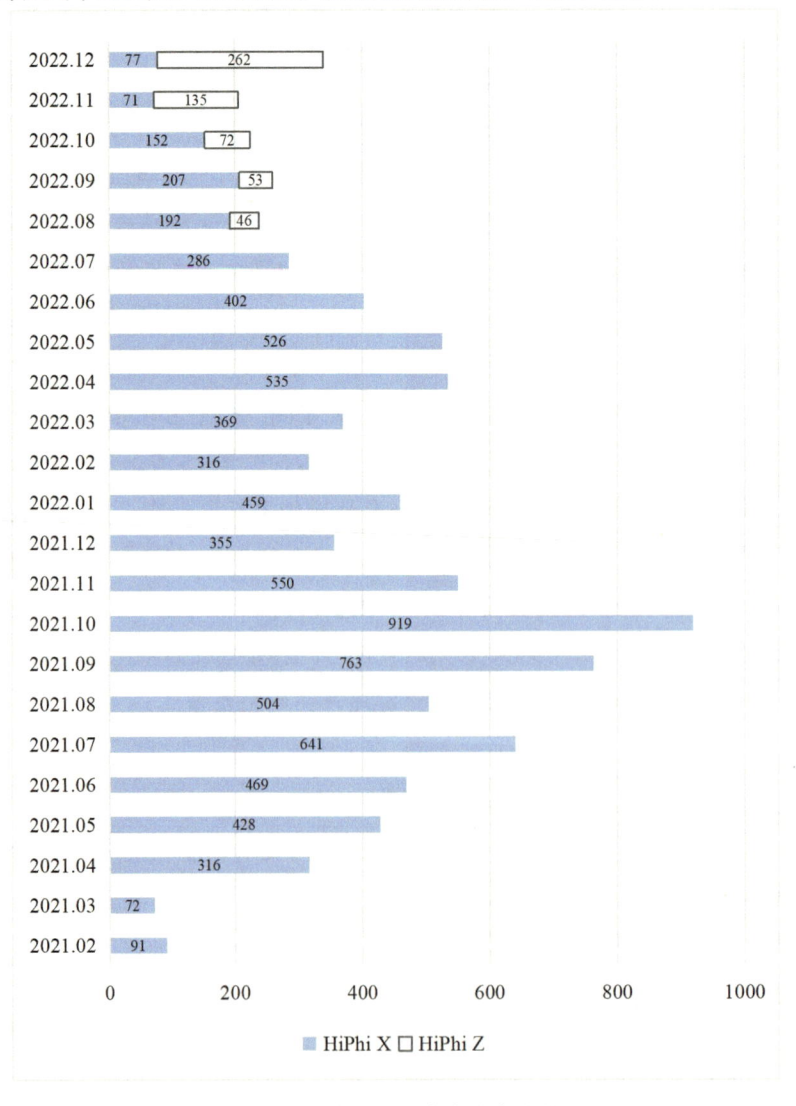

月份	HiPhi X	HiPhi Z
2022.12	77	262
2022.11	71	135
2022.10	152	72
2022.09	207	53
2022.08	192	46
2022.07	286	
2022.06	402	
2022.05	526	
2022.04	535	
2022.03	369	
2022.02	316	
2022.01	459	
2021.12	355	
2021.11	550	
2021.10	919	
2021.09	763	
2021.08	504	
2021.07	641	
2021.06	469	
2021.05	428	
2021.04	316	
2021.03	72	
2021.02	91	

图 4.2.5　华人运通高合汽车销量

3. 特殊场景方案供应商国润新能源

江苏悦达国润新能源商用车有限公司是悦达汽车集团全资子公司。公司成立于 2017 年 12 月，占地面积 488 亩，建筑面积 65000 m²，总投资 5 亿元，已建成年产 10000 辆柔性智能化中重型专用车生产线和 10000 辆纯电动物流车总装线，采用 MES 和 ERP 组成工厂信息化系统，同时厂房配备 WCS 和 WMS 系统智能化立体仓库，已建成全国领先的智能化工厂。

国润新能源根据"强销售、重研发、抓生产、谋合作"的经营方针，整合盐城商用车资源，大力发展纯电动、氢燃料电池商用车，围绕港口、钢厂、矿山、公卫医疗、休闲旅居等场景，开展纯电动换电自卸车、纯电动半挂牵引车、氢燃料电池牵引车、智能无人集装箱运输车等新能源商用车产品研发和应用，致力于打造特殊应用场景的新能源智能网联商用车整体解决方案的提供商。

4. 电池产销快速崛起的蜂巢能源

蜂巢能源科技有限公司的前身是长城汽车动力电池事业部，2018 年从长城完全剥离独立面向全行业发展，正式更名为蜂巢能源科技有限公司，隶属于长城集团。公司总部位于江苏常州，是一家专业锂离子电池系统提供商，专注于新能源汽车动力电池及储能电池系统的研发、生产和销售，主要产品包括电芯、模组、电池包及储能电池系统，并可根据客户需求为其提供动力电池及储能产品整体解决方案。

蜂巢能源已打造全品类的电芯产品体系。从正极材料进行区分，其电芯产品覆盖三元、磷酸铁锂、无钴主流体系；从电芯结构类型进行区分，公司电芯产品覆盖方形电芯、软包电芯以及圆柱电芯；从电芯适用车型来分，公司电芯产品可适用于各类纯电动汽车、混合电动汽车、插电式混合动力汽车，亦可用于电动摩托车等其他运输工具。在方形电芯领域，除传统标准尺寸电芯产品生产销售外，蜂巢能源已经推出"短刀"系列电芯产品，在做大电芯尺寸、减少电芯附属件对电池整体能量密度影响的同时，强调产业兼容性和适配性，产品长度覆盖 300～600 mm，充电范围覆盖 1.6C 到 4C 全域，通过不同的排布方式可覆盖市场主销的乘用车 A 级至 D 级车型，与传统模组平台相比具备较好的切换兼容性，整车厂可减少额外的修改和变更，从而实现节省成本、快速响应的目标。

蜂巢能源科技（盐城）动力电池生产基地是蜂巢能源在苏北地区重要的PHEV及短刀电池核心产业基地，项目产能22.3 GWh，总投资100亿元，两期建设均已完成。盐城动力电池项目是蜂巢能源"领蜂600"战略中的重要组成部分，也是蜂巢能源长三角区域大基地产能布局的关键一步。

专栏二　蜂巢能源领蜂"600"战略

2021年12月8日，蜂巢能源第二届电池日发布会上，蜂巢能源发布了面向2025年的领蜂"600"战略及四大支撑战略，宣布公司2025年全球产能规划目标提升至600 GWh。为确保产能战略目标实现，蜂巢能源同步提出了领蜂"600"战略目标，以品类创新、AI智能制造、蜂链生态伙伴、资本共创等四大战略支撑，分别在产品、智造、供应链、资本四大维度支持领蜂"600"战略目标实施落地。品类创新战略通过技术创新，打造最有竞争力的产品，全域布局新能源应用市场；AI智能制造战略则以更快的生产效率、更先进的生产工艺、更低的制造成本，支撑快速增长下的客户交付需求；蜂链伙伴战略将以创新的采供协同模式，打造安全的供应链生态伙伴体系，确保产能供应需求，同时联合产业链上下游企业，共同建立生态产业园，推动建立蜂群模式的生态体系；资本共创战略通过联合蜂巢资本成立百亿规模基金，打造蜂巢能源产业生态联盟，基金涵盖了产业基金、产能基金、创新基金三大类别，分别可以提供支持企业运营发展，支持企业产能落地，协助企业孵化创新技术。

第三节　盐城新能源汽车产业竞争力

围绕盐城新能源汽车及其配套零部件发展现状，本节基于产业发展、城市能级、经济体量等角度考量，从长三角及周边选取常州、合肥两市，进行新能源汽车产业竞争力的对比分析。

在长三角经济带中，盐城尽管在新能源汽车领域"起大早，赶晚集"，新能源整车发展相较于常州、合肥较为滞缓，但盐城作为一个以传统汽车工业为支柱产业的城市，在整个产业的产值规模、创新型发展、投资规模、产业链完整度等方面都展现出显著的发展潜力和弹性。盐城正积极实践"抢先布局，尽早形成产业链、规模上的优势"的发展策略，以此谋求在竞争中获取更大的市场份额，形成更加完善的产业生态。

（一）产业规模

常州 2022 年的动力电池产量，占到了全国 20% 的份额；新能源汽车产量达 34 万辆，位居全国第 7 位。2023 年常州全市新能源汽车的产量有望超过 70 万辆。同时常州的新能源汽车和汽车动力电池产销量都占到江苏全省的一半，相当于苏州、无锡、南京等城市之和。这些数据让常州在新能源汽车产业布局的竞争中暂时领先。

合肥在新能源汽车赛道上也同样成绩亮眼，2022 年合肥的新能源汽车产量达 25.5 万辆，新能源产业集群营收 2200 亿元，位居全国第 11 位，预计 2023 年合肥全市新能源汽车的产量有望接近 100 万辆，目前合肥新能源汽车全国占比超 8%。同时合肥的新能源汽车产销也占到了安徽全省的近一半，远超安徽省内其他城市。

盐城在新能源汽车整车销量上尚处于弱势境地，但动力电池等新能源相关产业的发展状况已经显现出良好的态势，产值为 1466 亿元，且增长率高达 58.5%。这一发展势头超越了常州和合肥的增长水平，为盐城在新能源汽车产业中的前景注入了强大的信心。见表 4.3.1。

表 4.3.1　常州、合肥动力电池重点项目产能规模一览

常州		合肥	
企业	产能/GWh	企业	产能/GWh
江苏时代	64	中创新航	50
中创新航	35	国轩高科	20
蜂巢能源	18	派能科技	10
上汽集团	18	超电新能源	10

（续表）

常州		合肥	
企业	产能/GWh	企业	产能/GWh
远景动力	15	中贝通信	10
北电爱思特	7.5	恒宇新能源	15
比克电池	10	中航新能源	10
鹏辉能源	7	江淮华霆	4
睿恩新能源	14		

（二）产业链完整度

新能源汽车产业的发展并不局限于新能源汽车整车制造本身，同时也考验了一个城市在此行业的产业链完整度。更加完整的产业链不仅能提升城市产业集群内部的生产效率与资源配置效率，还能起到增强其竞争优势和提升经济增长能力的作用。产业共聚的拥挤效应使产业链的发展受到区域空间中分工水平和要素禀赋的限制，形成了产业链的扩散效应。基于产业链扩散效应，产业链的发展将突破区划限制，形成城市产业集群内产业体系的有机统一。

常州本身就是一座具有较为完备产业体系的城市，国家工业 41 个大类中常州有 37 个，207 个中类中有 191 个，666 个小类中有 600 个，拥有规模以上工业企业 5700 多家，其中 40% 是装备制造，这一优势在全国同类城市中处于领先地位。在新能源产业尚未形成气候时，常州便早已聚力打造新能源电池产业链优势。如今，常州动力电池产销量占全国 1/5，产业链完整度达 97%，全球动力电池装机量前十的龙头企业中，有 4 家布局常州，其中 2 家为中国总部。因具备完整产业链、强大的动力电池配套能力，吸引了理想汽车、北汽新能源、比亚迪、东风日产等整车企业，进一步丰富了常州的新能源汽车产业链。至此，常州在新能源赛道上已经形成了"发储送用"生态闭环。在发电环节，太阳能光伏产业链完整，规模位居全国前列，电池片及组件产能占全国 10% 左右。在储能环节，拥有动力电池、储能电池及配套企业 80 余家，其中规模以上工业企业 35 家，涵盖上中下游 30 个关键环节，产业链完整度居全国首位。产业集聚度全国第五,投资热度全国领先,主要经济指标增速高于江苏省均值。此外,新能源汽车的另一个领域氢能,常州也在积极规划提前布局中,提出聚焦氢能源"制储运用"环节,打造"常州氢湾",全市新能源产业版图正在逐步更加完整。

合肥是安徽省的省会,是安徽省的经济、工业、政治中心。近年来,合肥坚持外引龙头、内强主体,集聚了传统车企、外资车企和造车新势力车企,推动形成开放协同、利他共生的新能源汽车产业发展生态圈。与常州路线不同的是,合肥优先引进了比亚迪、大众、蔚来、江淮等优质车企,由此带动一系列动力电池相关产业链的发展。在龙头企业带动下,新能源汽车产业链核心配套企业纷至沓来。2022年,合肥市新能源产业新签约项目145个,协议投资额达1223亿元,同比增加25.3%。目前合肥市新能源产业已集聚规模以上企业305家,形成了涵盖整车、关键零部件、应用和配套的完善产业链。新能源产业集群已经基本形成,市、县(区)联动的"四大工业组团"和"一县"(庐江县)的集聚格局初具雏形。与新能源汽车相关的区域主要为东北部工业区、北部工业区和庐江县。北部工业区包括庐阳经开区、长丰县双凤经开区、岗集、三十头配套产业区,打造整车与零部件产业协同配套发展区。东北部工业区以瑶海经开区为主体,推进动力电池制造产业集聚发展;庐江县重点打造电池及配套产业集群,创新能级不断提升。另外,合肥在动力电池回收产业也颇具优势,目前已经初步形成"资源—材料—电池—回收—梯次利用—再生利用"的闭环产业生态。仅2022年,合肥动力蓄电池累计回收量达11700 t,综合利用率达80.6%,实现营收超2亿元。合肥动力蓄电池综合利用产能已突破7万t,占全省的1/3。

盐城在新能源汽车领域,已建立较为完善的产业链。悦达起亚及数量众多的汽车零部件企业的长年发展,使盐城具有强大的整车制造能力、零部件配套能力和深厚的汽车产业基础。在动力电池方面,虽然在锂盐市场等原材料环节存在一定空白,上游企业规模小于常州和合肥,但基本形成了SK、比亚迪弗迪等电芯制造龙头企业引领,上游正负极、隔膜、电解液材料,下游电池回收联动的动力电池产业链闭环。近年来招商建设的东山精密、立铠精密等电子信息企业,更是增强了盐城在汽车电子制造方面的实力。产业链的不断完善,保证了盐城新能源汽车产业的可持续性发展。见表 4.3.2。

表 4.3.2 新能源乘用车及动力电池产业链规模企业数量对比

		盐城	常州	合肥
原材料	锂盐	—	1	13
	正极材料	2	10	8
	负极材料	3	5	3
	电解液材料	3	3	3
	隔膜材料	3	12	7
	锂电设备	—	5	1
上游	锂电池	27	19	22
中游	整车制造	3	7	8
下游	锂电池回收	6	8	8

（三）技术创新

技术创新是保证一个行业、一个城市乃至整个国家持续发展的动力来源，在新能源汽车动力电池领域也不例外。想要在"新能源争夺战"中获得优势，强大的技术创新能力不可或缺。近年来，我国新能源动力电池产业规模迅速扩大，产业市场份额虽已居全球前位，但也存在着整体专利质量不高、技术创新率较低等问题。怎样利用现有资源研发性能更好的动力电池产品来取得更高的经济收益，实现清洁能源经济的发展，是目前新能源动力电池企业亟待解决的核心问题。对一个企业、一个城市来说，优秀的技术创新能力对获得强大的竞争力是十分重要的。

常州在新能源动力电池领域的创新能力处于领先地位，目前常州的锂电池产业基地已建成长三角物理研究中心、重庆大学溧阳智慧城市研究院等一大批重大科技创新平台、省级新型研发机构。蜂巢能源科技股份有限公司总部位于常州金坛，具有雄厚的技术创新实力，蜂巢能源自主研发的层状无钴正极材料和无钴电池填补了国际空白，为世界首创。经过近百次中试调试和电性能验证，研制出世界首款无钴正极材料并量产装车,该项技术就获得了 69 项中国专利和 46 项国际专利。截至目前,该公司共有 4800 项发明及实用新型专利,科研创新能力十分强劲。中创新航科技集团股份有限公司,致力于"顶流"圆柱电池,通过自研结构创新与化学体系创新研发,目前共有发明及实用新型专利 2738 项,同样是极具竞争力的动力电池企业。宁德时代在常州溧阳建设的江苏时代新能源科技有限公司,专注于凝聚态电池产品、4C 麒麟电池、"铁锂加三元"AB 电池等技术攻关,目前拥有发明及实用新型专利 432 项。

合肥在新能源动力电池领域的技术创新能力也不容忽视,目前拥有合肥综合性国家科学中心能源研究院、复旦大学-国轩高科先进电池技术校企联合研究中心等多家重大科技创新平台、国家级新型研发机构,为合肥动力电池研发提供了良好的孵化环境。国轩高科总部位于合肥,是国内从事新能源汽车动力锂离子电池自主研发、生产和销售的主要企业之一,主要产品为磷酸铁锂材料及电芯、三元材料及电芯、动力电池组,目前申请专利 6000 余项,其专利技术在欧、美、日、韩等多个海外国家也均有分布,获评国家知识产权示范企业荣誉称号。华霆(合肥)动力技术有限公司目前总部位于中国,并在印度和美国设立有研发中心,一直致力于圆柱电芯成组方面的技术研发和创新,自主研发了 BEST 高比能蜂窝模组方案,此外还采用了圆柱电芯的叠片工艺,提高了电池的能量密度和安全性,目前该公司共申请发明及实用新型专利 1053 项,为合肥新能源动力电池产业竞争力注入了强力的一剂。

盐城市高新技术工业基础薄弱,目前引进的多家大型动力电池企业大多是在盐城设立生产基地,将完整的生产工艺流程带到盐城,很少在盐城涉及技术研发和创新。盐城在这种资源较少的情况下也坚持积极探索,联动优质高校成立东南大学盐城新能源汽车研究院、盐城市新能源化学储能与动力电源研究中心、长三角新能源汽车研究院等科研机构,聚力探索适合盐城的特色新型研究方向及创新动力。在盐城开发区落户的捷威动力工业江苏有限公司,创新研发了海绵电池,其箱体边梁采用金属发泡填空,类似海绵挤压过程,采用全沉没式热管理方案,实现了电池包系统空间的充分利用,该公司目前申请各项专利 54 项。比亚迪在盐城射阳县开设的子公司盐城弗迪电池有限公司,也在积极探索技术创新,申请各项专利 22 项。落户于盐城东台市的智泰新能源(东台)

有限公司，主营动力电池的生产研发，申请专利 2 项。

  综上所述，盐城在新能源汽车产业的发展上，虽然与常州、合肥存在一定的差距，但通过积极的政策引导和产业布局，盐城已经在市场份额、产业链完整度和技术创新等方面展现出了较为强劲的竞争力。未来，盐城将继续秉持开放、创新的发展理念，不断提升新能源汽车产业的竞争力，推动新能源汽车产业的持续、健康发展。

第五章　盐城新能源汽车产业发展困境及对策

第一节　产业发展困境

（一）整车发展势头缓

悦达起亚作为盐城最大的汽车整车企业，具备较强的资源整合能力、人才储备基础和资金保障能力，曾凭借性价比和合资车的优势，在 2016 年创造了年销 65 万辆的成绩，但随后 2017—2022 年的销量呈趋势性下滑，分别为 35.9 万辆、37 万辆、28.9 万辆、24.9 万辆、15.2 万辆、9.4 万辆。在新能源汽车产业发展过程中，悦达起亚早期推出的新能源汽车车型 K3 EV、K3 PHEV、K5 PHEV 等，大多采用原版车型引入的方式生产，很少推动本土研发，在一定程度上也削弱了韩系车在中国市场的竞争力，未能在市场上打开销路，且因韩国起亚的战略部署影响，起亚集团在华电动化动作较为迟缓，电动化转型未能持续发力，错失了近几年发展的黄金期。根据 2023 年 3 月起亚集团发布的战略规划，从 2023 年开始每年在华推出 1～2 款纯电车型，到 2027 年扩展至 6 款，相比同是合资品牌的大众计划到 2025 年在中国推出不少于 40 款纯电动汽车，起亚在华新能源汽车战略也略为保守。这些因素综合导致了悦达起亚在中国新能源汽车市场上的综合竞争力处于弱势地位，面临一定的竞争压力和发展危机。

华人运通高合汽车在成立之初即定位于打造豪华智能全电品牌，以高溢价产生高收效的方式进行产品经营，其销量虽然在高端新能源汽车市场上位居前列，但因高端豪华品牌在汽车市场上相对小众，市场份额较小，华人运通高合的销量在新能源汽车整体市场远低于"蔚小理""哪零"等几家头部新势力的销量，导致目前的销量并不足以支撑华人运通规模化发展。在内部，销量规模小、品牌知名度不足，让高合汽车一直未被认为是主流品牌；在外部，在经济下行压力加大、居民收入减少、消费趋向保守的背景下,汽车市场的竞争也日益白热化。这些问题使得华人运通面临着巨大的发展压力。

国新新能源成立于 2016 年 2 月,2019 年纯电动乘用车项目才获得核准,2021 年 6 月生产的翼刻 ET300 上市,布局新能源汽车微型车市场,但其时上汽通用五菱已于微型车市场上获得巨大成功,占据了微型车大部分市场份额,2021 年和 2022 年,五菱宏光 MINI 销量均达到了 42 万辆;其后更多的车企进入微型车市场,2023 年,比亚迪海豚插足微型车领域,2 月份吉利的熊猫正式上市,同月北汽家宝也宣布上市,仅仅是 2 月,就已有 3 款新微型车品牌上市。微型车市场生存空间受到挤压,国新新能源的发展面临破局难题。

(二)产业布局存薄弱

近几年,盐城以"链式思维"招引了 SK、比亚迪弗迪、蜂巢能源、捷威动力等一系列动力及储能电池企业,"串珠成链"培养地标产业链,为加快建设绿色低碳发展示范城市注入全新动能。但随着新能源汽车及动力电池产业的快速发展,在产业链及技术体系不断扩展延伸的过程中,盐城新能源汽车产业整体布局尚存在薄弱环节。

一是上游原材料产业链缺位或实力较弱。因地理资源条件限制,盐城并没有锂矿、稀土矿等原材料供应企业;在电机电控产业方面,悦达起亚重要零部件供应主要从韩国原有配套厂进口或是由韩国配套厂商跟随整车厂进驻盐城,体系外的盐城零部件供应商想要进入其配套体系较为困难,其配套电机由摩比斯进口供应,新能源汽车电机生产也并不在盐城工厂生产;且没有国内专业新能源汽车电机电控企业落地盐城,整车企业配套电机电控多由外地采购。在动力电池产业方面,虽有部分企业涉及动力电池上游正负极材料、隔膜材料、电解液等产业,但是整体数量较少、规模较小,电池上游产业链企业整体创新能力还不够强,技术创新和技术改造研发成本较高。在智能网联方面,和合肥等城市相比,盐城缺少半导体、电子信息等产业在汽车行业的深厚积淀、积累,在人工智能、软件算法、大数据、车联网、传感器等智能化方面布局较弱。

二是动力电池规模发展导致产能过剩隐忧浮现。据公开数据测算,2022 年,我国动力电池产量总计 545.9 GWh,与此同时,装车量仅为 294.6 GWh,

占比 53.96%，即便加上 68.1 GWh 的动力电池出口量（以中国汽车动力电池产业创新联盟发布的年度数据为准）和 34 GWh 随车电池出口量（以平均每辆车电池容量 50 kWh 计算），占比也仅为 72.7%，动力电池企业产能过剩已成为既定事实；且有机构估计，到 2025 年中国新能源汽车市场需要的动力电池产能大约在 1000~1200 GWh，而目前电池厂、整车厂与其他跨界企业对外公布的产能规划已达 4800 GWh，是预计需要产能的 4 倍多；动力电池的产装差正在逐年扩大，这也预示着其产能过剩的风险不断叠加。动力电池本地化、高品质、绿色化发展，对盐城动力电池产业发展提出了新的要求。

（三）应用推广有差距

新能源汽车产业的发展，离不开优质的政策支持和强劲的推广力度。如五菱宏光 MINI 在新能源汽车市场取得的显著成绩，很大一部分可归功于柳州市充分发挥政府、企业的优势，积极带动社会资本投入和引导全市消费力量对新能源汽车进行推广应用。据有关数字统计，柳州累计乘用车电动化率达到了近 32%，而在 2021 年 12 月至 2022 年 12 月的柳州市汽车厂商销量排名前十中，上汽通用五菱以 22193 辆的销量位列第 1 名，可见地方的推广支持对本地企业产销发展具有巨大的促进效应。

在新能源汽车应用方面，盐城公交车、出租车电动化已基本完成，但是私人用车电化率相对较低。根据《2021 年度盐城市交通经济运行分析》数据，截至 2021 年，市区拥有公交车 1556 辆，清洁能源及新能源公交车共计 1373 辆，巡游出租车 2833 辆，其中纯电动 1082 辆；根据《2022 年度盐城市交通经济运行分析》数据，盐城市新增更新新能源公交车 256 辆、纯电动巡游出租车 207 辆。在私人用车市场，2022 年盐城新能源汽车整体保有量（约 4.7 万辆）占汽车保有量（约 135 万辆）的比值为 3.5%，不仅低于江苏省的 4.3%，也低于全国的 4.11%。相较于五菱宏光 MINI 在柳州强烈的存在感，盐城本地车企产品在盐城私人用车市场上的知名度、认可度都相对较低。

在新能源汽车充电桩建设方面，截至 2021 年年底，全市充电桩保有量 8015 台，其中公共桩 3118 台、私人桩 4897 台，目前盐城约建设有 2 万台充电桩，车桩比 2.35∶1，略好于全国的 2.5∶1。根据整理主流充电桩运营商数据，统计得出目前盐城公共桩约为 3200 台，仅达到了 2021 年年底的数量，可见充电桩运营管理并未追上其建设及新能源汽车应用的速度。

在氢能源汽车及氢燃料电池示范应用方面，盐城 2018 年入选全国 5 个氢燃料电池汽车示范运营城市之一后，在 2019 年 11 月投入 10 辆氢燃料电池公交客车在高新区上线运营，其后并未进一步增加推广。《盐城市"十四五"汽车产业高质量发展规划》中提到，到 2025 年，SRT 示范运行 20 列以上，氢燃料电池汽车示范运营超过 100 辆，全市新建加氢站 5 座。目前的示范应用数量距 2025 年规划的 100 辆有较大差距。

（四）技术研发待加强

汽车技术分为应用技术、共性技术和支撑技术三种，其中：应用技术一般为集成创新，难度最小，适合企业做差异化竞争，盐城新能源汽车整车企业多数处于该层级；共性技术是在应用技术之下支持应用技术的基础技术，是企业生存的根本所在，盐城动力电池生产企业对应的总部研发部门、企业可以达到该层级；支撑技术主要是化学、数学领域的基础科学，实际上是追求事物本质，短期内难以获得实际收益，但往往会产生颠覆性的技术革新，国内极少企业布局支撑技术，大部分企业不愿意投入或不具备投入能力。

悦达起亚在战略重组后，韩方在合资公司中占据主导权，对悦达起亚倾斜的资源、技术较少，相较于大众、宝马、本田等德日车企，推出中国市场专用车型，甚至将部分研发中心设在中国，起亚较少针对中国市场作适应性改造开发，在盐城设置的研发机构也已撤销搬离；国新新能源致力于碳纤维复合材料的热固、热塑成型工艺及轻量化技术研发，受限于企业规模，在"三电"相关领域探索余力较小；江苏新能源汽车研究院、江苏网联智能汽车数据安全研究院等公司，业务范围包括动力电池、环境检测、动力台架、整车测试、数据安全的检测服务，研发业务覆盖面较少。梳理盐城新能源汽车企业及研究院情况，可以说是"精于一"，但是未能"博于群"，导致盐城关键技术整体发展薄弱的局面尚未根本改变。

（五）生态建立须完善

近年来，盐城坚持"项目为王、企业为要"，持续开展"企业大走访、项目大推进、产业大招商"活动，引进一批新能源汽车"建链强链补链延链"项目。重大项目支撑工业经济成效斐然，但仍存在产业运行质态不够优质的问题，大部分产业链处在中低端环节，多数引进企业以"生产基地"形式在盐城投资建厂，在盐城的工厂往往只承担生产任务，而没有销售经营、物料采购、产品研发的功能与部门设置。这种情况也因各企业自身组织架构、经营理念的区别而程度略有轻重不同，如比亚迪弗迪电池就由总部统一经营管理，在盐城的工厂只接受总部生产任务计划，由总部提供原材料物料进行生产，交付总部实现销售；而蜂巢能源、捷威动力等企业在盐城的工厂相较之而言，有更多的自主权。这种由总部统一调配，全国采购、销售的方式一方面给企业带来了统筹方便、管理便捷等优势，但另一方面也带来一个问题，即各企业在全国范围内布局目标客户及原材料供应商，而因盐城新能源汽车产业上下游配套企业尚未得以长足发展，配套企业及产品实力相对较弱，仅有少数上游配套企业进入下游企业原材料供应商名单，或达到战略合作关系，因此上下游产业带动"乘法效应"略有不足。此外，这些重大引进项目落地盐城时间尚短，无论是本地人对这些新落地企业的认知度，还是企业对盐城当地的归属感都还不强，需要长时间的磨合、合作来加强彼此之间的联系，将"外来户"转化为"自家人"，从而达到地方与企业携手共进、长足发展的目标。

因为产业基础限制，盐城本地新能源汽车配套企业在产业发展过程中也未能有突出表现。盐城本土零部件配套企业仍以非功能性的汽车零配件为主，如座椅、内饰件、空调、弹簧、灯具等，新能源汽车功能性零部件的生产企业较少。对动力电池产业先进企业的引进，使新能源汽车产业的技术水平在一定程度上得到提高，但是总体来说，本地零部件企业制造能力仍然属于中低技术水平，核心产品、技术仍掌握在外地配套企业手中。

外来企业落地时间短，上下游产业带动效应弱、企业关联度低，本地企业未能分享到产业发展红利，从而无法带动城市整体实力、相关企业层次的提升，导致了盐城产业缺少内生发展、自我造血的能力，产业生态尚需进一步建立、完善。

第二节 产业发展对策建议

在电动化、网联化、智能化融合发展的背景下，跨领域、跨行业的融合创新、协同发展，已成为新能源汽车产业发展的全新特征。面对新技术、新赛道的不断涌现，需把握下一代新能源汽车产业变革带来的全新机遇，凝心聚力、统筹推进、协同创新、谋划长远，在政策引导、组织机制、产业布局等多端发力，打造优质产业集群，提升产业竞争力。

（一）整车稳步发展

把握整车发展节奏。当前新能源汽车利润较薄，仅有特斯拉、比亚迪等少数企业有一定盈利，多数车企尚处于依靠燃油车型利润补贴新能源汽车发展的阶段。鉴于此，盐城新能源汽车发展应采取"小步走、稳步走"策略，一方面考虑市场容量，合理确定规模，不过度扩大生产能力；另一方面，积极作好产业及技术积累，在前进中完善，在完善中突破。以实际销售量和经济效益为导向，稳扎稳打，把握好发展节奏。

深化头部车企合作。持续推进、强化与起亚集团的合作，借助起亚集团在国际汽车市场的底蕴，促进悦达起亚加快引进起亚新能源汽车车型，加大起亚在华生产份额，消化悦达起亚工厂产能；对外实现出口引增长，搭建新能源汽车出口服务平台，为悦达起亚产品"走出去"提供服务，在税收、贷款、保险、信贷等方面加大对新能源汽车出口贸易的金融支持力度；对内调整激发新活力，持续推动强化车型本土化，打通、盘活旧有客户，实现用户转化，通过多种方式实现渠道革新。加快推进一汽奔腾与国新新能源合作，加快建设国新项目二期工程，开展一汽奔腾多品类新车型的开发和导入，尽快实现整车量产销售，释放国新新能源产能。

支持整车品牌建设。实施品牌培育工程，以新能源汽车和智能网联汽车为突破口，以优化结构、着力创新、转型升级为总体思路，做强盐城汽车品牌。具体来说，品牌建设要注重产品差异化，区分细分市场，提供多样化选择；渠道建设要稳固传统渠道，同时积极拓展新渠道，实现渠道创新；重视质量控制和售后服务，树立良好的品牌印象。

探索商业模式创新。开展运营性的新能源货运车的租赁模式、车电分离模式创新。针对新能源货车对投入产出效应敏感、售价高于传统燃油汽车等问题，探索融资租赁等新的商业模式，物流平台介入物流实际运作，通过互联网信息技术手段解决车货匹配、运营监管的物流需求问题，获取物流服务收益，车辆用户承担运输任务，获得劳务收益。化解用户资金压力。探索车电分离金融模式创新，车辆用户只需购买裸车，通过向动力蓄电池租赁公司付租金的形式取得动力蓄电池的使用权，或采用分期付款方式获得动力蓄电池所有权，从而降低购车成本。通过商业模式创新，增加新能源商用车使用可能，多方合作，提高国润新能源、国唐汽车等车企销量。

（二）优化产业布局

鼓励零部件企业进入主流新能源整车企业供应链体系。对新能源整车企业采购盐城非关联生产企业零部件产品且采购额达到相应要求的，按采购额增长幅度实施财政奖励补助。

鼓励电池产业链企业做强补齐。巩固盐城电池电芯企业的发展优势，控制规模扩张的单一发展方式，重点向上下游高价值链延伸，支持珩创纳米、贝肯盛创、衡川新能源材料等正负极、电解液、隔膜材料发展，鼓励加强盐城电池上游材料企业与捷威动力、蜂巢能源、比亚迪弗迪等电池电芯企业的合作，促进盐城电池上游材料企业进入电池电芯企业供应商名单；鼓励电池产业链企业推进燃料电池、固态电池等关键产品的核心材料、零部件研发及产业化。支持江苏天能新材料、鎏明新能源科技等锂电池回收企业加快发展，构建动力电池回收利用体系，实现动力电池"使用、回收、再利用、拆解、再回收、再制造"整个循环流程。优化完善动力电池产业链条，提高盐城电池产业竞争力及抗风险能力。

加强电机电控领域企业招引培育。加快研究布局新能源汽车电机产业链，聚焦电机、电控领域培育、招引一批龙头企业，形成新的经济增长点。一方面积极引入悦达起亚、华人运通、国新新能源等整车品牌的配套电机供应商入驻盐城，提升整车的本地零部件自给配套率；另一方面积极争取引进比亚迪、大洋电机、精进电动、蔚然动力、方正电机、博格华纳等电机龙头企业，打造电机产业集群。

加快构建氢能产业战略布局。抢抓氢能产业发展机遇，积极构建盐城经济技术开发区、亭湖、盐都等区域协同发展的氢能产业空间布局。以江苏兴邦、江苏绿氢等企业为基础，培育氢能产业链。积极招引氢气制备与提纯设备制造、低温液态及高压气态储氢装备制造、氢燃料电池及关键零部件制造、氢燃料电池动力模块生产及动力系统集成等关键环节重点企业。

推广新能源汽车产业数字化建设。利用汽车行业深入公共服务、个人家庭应用的优势，推进新能源汽车及交通领域的协同数字化建设。统筹规划设计市级充电桩公共应用平台，区县范围内进行试点运营，鼓励充电桩运营商进行适当的数据共享，完善新能源汽车充电网络数字化管理；推动动力电池及其回收企业通过数字化转型，尝试成为电池回收—电池梯级利用—资源再利用产业链的数字化服务商，推动动力电池大数据监控平台以及梯级利用交易平台等公共平台建设，实现对废旧动力电池的可追溯管理系统，研究导入第三方动力蓄电池残值交易评估与定价机制。打造盐城交通领域数字化应用示范区，促进产业整体数字化发展。

（三）持续推广应用

全面支持个人消费领域用车新能源化。对在盐城购买符合条件的新能源汽车并注册登记的消费者，按照购车价格给予优惠补助。结合老旧小区改造，提升电网承载能力，加装公用充电桩。加强新能源车辆安全驾驶管理，降低维修成本，鼓励优化新能源汽车保险承保理赔服务，力争保险费用与全国同类城市持平。结合国家支持新能源汽车下乡和乡村振兴实施要求，鼓励国新新能源等车企针对农村地区消费者的特点，在新能源乘用车领域，以经济实用、适销对路为原则，通过定制差异化配置的方式，投放性价比更高的新能源汽车产品；对农村户籍居民在户籍所在地购买新能源汽车给予消费券支持。

优化充换电基础设施规划布局。加大居民社区、单位和园区、高速公路服务区等充换电基础设施建设力度，满足充电需求。完善充换电基础设施制度，规范审批、建设、运营、管理等全环节。完善充换电基础设施奖励政策，充分调动全社会建设充电设施的积极性。建立新能源汽车充换电基础设施监管平台，对充换电设施建设、运营等情况实现动态管理,优化结构布局、加强安全监管。

加大各类试点示范支持。通过路权、奖补等措施,推动国润新能源商用车在港口机场、城市物流、建筑工地以及重要陆运线路上的应用推广。支持使用氢燃料、甲醇等各类新能源汽车开展试点示范,加快氢燃料电池汽车示范区建设,有序推进加氢设施布局建设,逐步构建安全、高效的加氢网络,为氢能推广应用创造良好条件。针对港区、物流园区等运输量大、行驶线路固定等的特定场景,积极推进国唐汽车、国润新能源等新能源公交车、重卡的智能网联化应用示范。

(四)增强技术实力

加大技术研发财税支持。建议通过调整支持重点,继续实施新能源汽车财税支持政策,由普惠性支持向扶优扶强、支持先进转变;聚焦汽车三电核心技术,适当增加自动驾驶、操作系统、车联网、信息网络安全等智能化、网联化技术要求;优先支持整零企业同步设计、协同创新、配套应用;对重点研发项目及推广应用满足相应技术要求的产品,继续给予资金支持,促进技术进步和产业化应用。对符合条件且掌握先进技术水平的企业,给予企业所得税减免优惠、贷款贴息等政策支持,给予初创型企业融资担保支持,鼓励社会资本加大投资力度。全面巩固提升新能源汽车的产业竞争力。

引进电池企业研发部门。支持动力及储能电池企业在盐城设置研发部门,聚焦电池产业关键核心技术,推动各类创新平台资源整合,引导企业在盐城加强原创性引领性技术攻坚。在动力电池方面,推进技术向轻量化、高强度、低成本方向发展,不断提升电池安全性与寿命,并围绕固态电池等下一代动力电池关键技术开展升级研究。

重视产品研发能力挖掘。推动国新新能源轻量化产品研发,促进国润新能源燃料电池汽车技术研发,支持国唐汽车智能联网应用探索,引导江苏新能源汽车研究院进行三合一(集成电机、减速器、控制器)电驱动系统研发及应用,以各企业技术基础为起点,结合新能源汽车产业发展方向,点状实现核心技术突破。

加强氢能产业自主创新。支持江苏兴邦、江苏绿氢等企业,开展氢能产业技术攻关、工程研究和产品开发。重点突破可再生能源电解水制氢、氢气提纯、液氢、氢燃料电池系统集成等核心技术。支持众创空间、孵化器引进培育氢能产业项目，加大氢能技术成果落地转化扶持力度。

鼓励企业开展基础研究。在原材料和电子元器件的基础研究领域，启动新一批产品技术创新工程，支持鼓励优势企业合纵连横开展技术创新突破与产业化应用。

（五）打造优质生态

强化资源要素保障。坚持"要素跟着项目走"，推动土地、能耗等重点要素资源向重点企业、重点项目集聚，对新能源汽车、动力电池项目在用地、用能指标方面加大保障力度。深化新能源汽车、电池等园区体制机制改革，为企业营造高效、规范、便捷的政务环境。优化工业园区配套规划建设，增加配套住宿、娱乐等后勤设施，保证企业用工稳定性。提高引入企业及人才对地区的认同感、归属感。

加大金融支持力度。支持盐城本地企业发展壮大，积极发挥政府投资基金引导带动作用，以参股方式吸引社会资本，支持设立新能源及智能网联汽车专项子基金，重点支持龙头企业发展和"双招双引"重大项目建设，对特别重大项目可以直投方式给予支持。对公共领域企业购置新能源专用车辆和建设新能源车辆充换电设施的，鼓励银行业金融机构给予绿色信贷优惠利率。

发挥行业组织作用。发挥行业组织熟悉行业、贴近企业的优势，为政府和行业提供双向服务。鼓励新能源汽车行业组织建设，以此加强地区数据统计、成果鉴定、检验检测等能力，提高为行业企业发展服务的水平。通过行业组织密切跟踪产业发展动态，开展专题调查研究，及时反映在盐城企业的诉求，发挥其连接企业与政府的桥梁作用。鼓励行业组织完善公共服务平台，协调组建行业交流及跨界协作平台，开展联合技术攻关，推广先进管理模式，培养汽车科技人才。

加强新能源及新能源汽车文化软实力建设。结合新能源产业，以"风光"双翼助推"油电"两轮，针对新能源发电及新能源汽车在电池、电子电控等方面的共性技术，面向企业、院校，通过承接行业会议、组织产业比赛，搭建新能源发电及汽车行业交流平台，吸引初创企业参加，培养复合型人才，深入挖掘创新方案，推动创新成果转化。塑造新能源汽车明星品牌，开展多样化宣传，鼓励支持举办会议论坛、节庆活动，围绕盐城智尚汽车小镇、盐城新能源汽车产业规划展示馆等，以新能源及汽车工业为特色，开发旅游线路、打造旅游景点。举办有全球、全国影响力的高端会议、博览会、赛事活动等，按有关规定给予一定的经费补助。宣传能源与汽车集群新特色，树立绿色低碳新形象，提高盐城地区新能源汽车及电池产业知名度。

人 才 篇

  本篇立足盐城新能源汽车产业发展现状,深入分析产业人才发展过程中的症结与困境。从研发、技能、操作三类工种人员的基本情况入手进行分析,指出人才总量偏少、结构性短缺的困境。梳理招聘困难、流动性大等问题的成因,提出人才吸引力不足的局限。剖析了高校培养与企业需求脱节的问题,强调培养模式改革刻不容缓。立足盐城产业现状,从完善用工生态、推动人才培养、加强课程建设等方面提出重构人才体系的思路与对策建议,旨在促进产业发展与人才供给的有机衔接,为盐城新能源汽车产业发展提供人才保障。

第六章 盐城新能源汽车产业人才发展现状

第一节 产业人才现状及需求分析

（一）人才基础信息分析

1. 从业人员状况

2022年，盐城市新能源汽车产业从业人员约1.5万人，其中研发人员约1500人，约占从业人员的10%；新能源汽车销售人员和售后人员约1300人，约占从业人员的8.7%；生产制造人员约8000人，约占从业人员的53%。

根据中国汽车工业协会统计，2022年全国汽车销量为2686.4万辆，其中新能源汽车销量688.7万辆，占比为25.6%，同比增长93.4%。随着新能源汽车的销量占比不断提升，未来相当长的一段时间内，新能源汽车产业的从业人员与研发人员的需求数量仍将呈现出爆发式增长的态势。调研显示，普通高等院校和职业院校的新能源汽车人才对产业的人才供给严重不足，远不能满足新能源汽车产业高速发展的需求，存在巨大的缺口，这将是我国在新能源汽车产业蓬勃发展过程中亟须解决的一个问题。

2. 人才画像

（1）研发人员

在新能源汽车产业的从业人员中，研发人员的知识结构变化较大，从传统车辆的机械、材料等专业知识转变为电子信息、控制、软件等专业知识。因此，当前新能源汽车研发人员需要补充新增知识板块，这是本次研究的重点。

盐城新能源汽车产业的主要参与方可分为三大类：一是整车厂及零部件企业；二是能源公司，电池、电机公司等；三是各类新能源汽车研究所。三类企业共同打造新能源汽车并形成了业务交叉，其所需能力主要包括以下三个部分，分别对应不同的人才需求。

① 学历分布

盐城市新能源汽车产业研发人员中，本科及以上学历占比为79%，其中本科学历占比最高，为61.7%，硕士占比为17.3%。剩余为高职及以下，占比为21%，如图6.1.1所示。值得注意的是，盐城新能源汽车产业研发人员中，高学历（硕士及以上）比例低于全国水平（26.5%），说明盐城对高学历人才的吸引力仍有待提高。

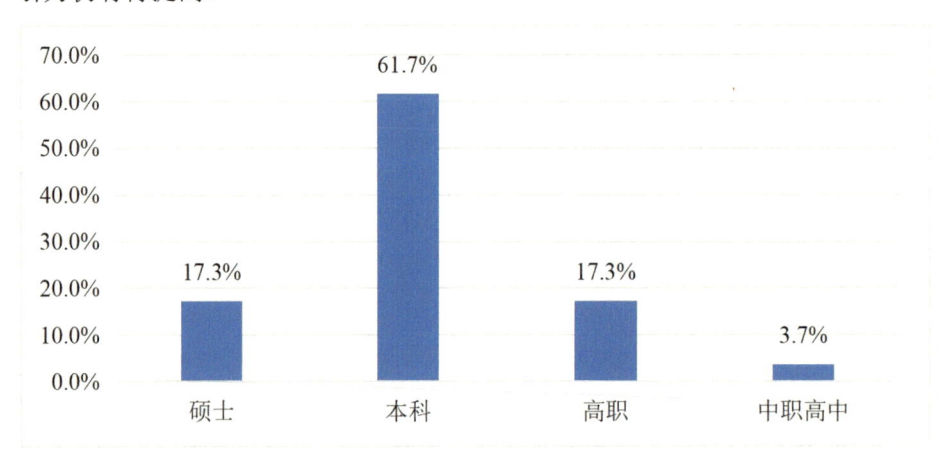

图 6.1.1　盐城市新能源汽车产业研发人员学历分布

② 年龄和性别结构

新能源汽车产业作为众多新技术融合的新兴产业，对于年轻人才有巨大的吸引力。调查数据显示，盐城市新能源汽车产业研发人员中，31~40岁（含）人员占比最高，达到50.6%，年龄小于40岁人员占比约为80%，如图6.1.2所示，研发人员呈现年轻化趋势。

企业调查数据显示，新能源汽车产业研发人员中男性居多，占研发人员总数的83%，如图6.1.3所示。

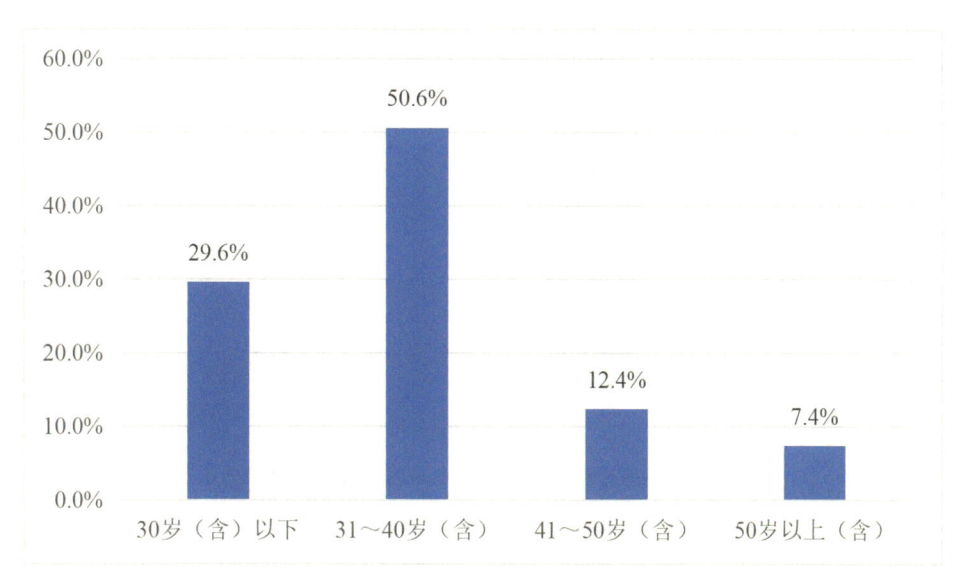

图 6.1.2　盐城市新能源汽车产业研发人员年龄分布

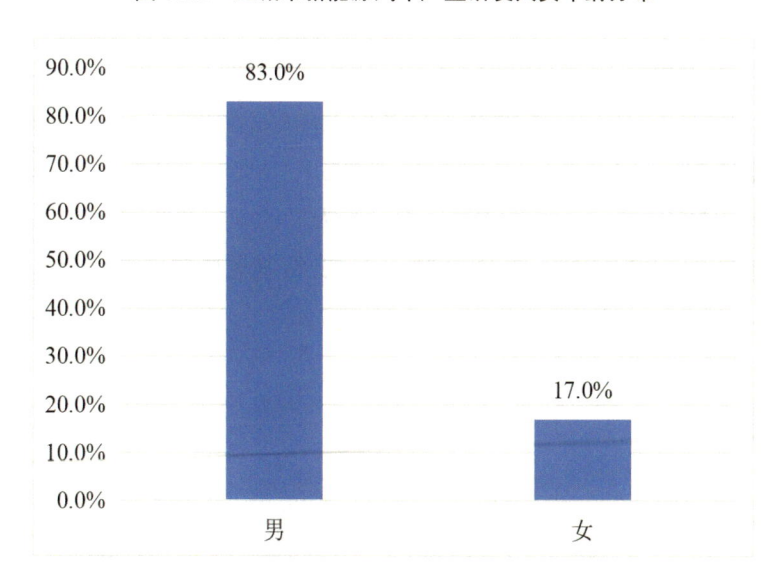

图 6.1.3　盐城市新能源汽车产业研发人员性别分布

③ 地域分布

调查数据显示，盐城市新能源汽车产业研发人员中超过六成来自外地，本地人仅占三成，如图 6.1.4 所示。与此同时，盐城研发人员多以社会招聘为主，校园招聘比例占比不到 10%，本项数据显示盐城对于人才吸引力不足。

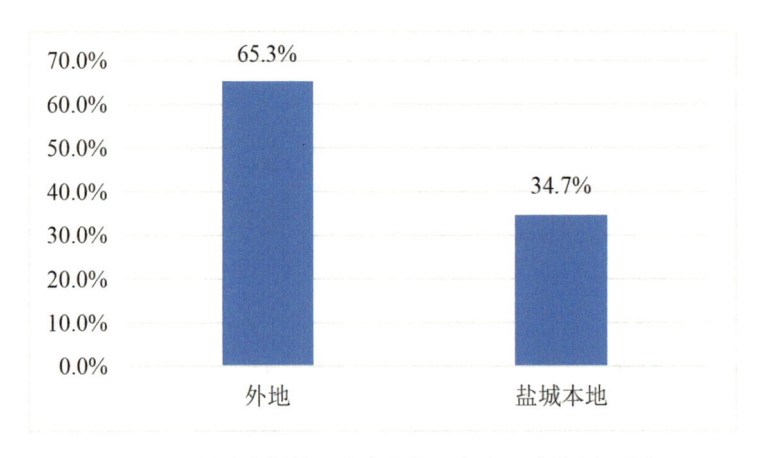

图 6.1.4　盐城市新能源汽车产业研发人员地域来源分布

（2）技能人员

技能人员包括研发辅助、生产管理、设备维护、项目基建、品质检测等岗位人员。

① 学历分布

企业调查数据显示，新能源汽车产业技能人员高职学历占比57.8%，本科学历占比25.7%，中职学历占比15.0%，如图6.1.5所示。企业深访表明，随着新势力造车企业涌入新能源汽车产业，对技能人员的学历要求越来越高，部分岗位如研发辅助、生产管理、品质检测、技术支持等需要普通本科学历。

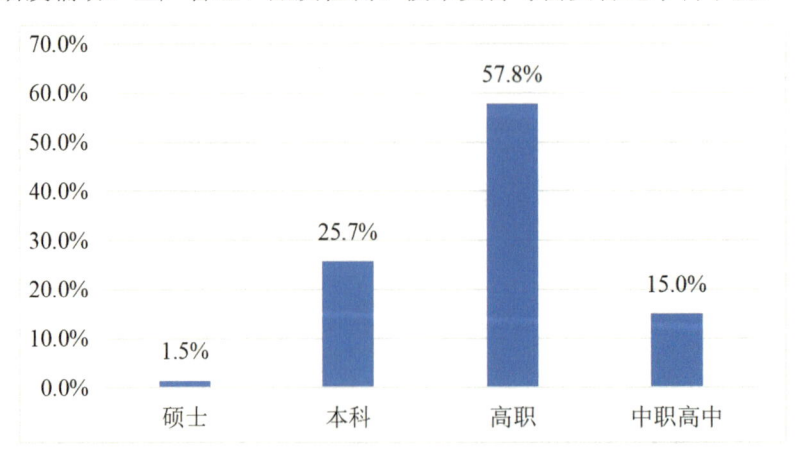

图 6.1.5　盐城市新能源汽车产业技能人员学历分布

② 年龄和性别结构

企业调查数据显示，新能源汽车产业技能人员以 40 岁（含）以下人员为主，占比为 72.8%，如图 6.1.6 所示。

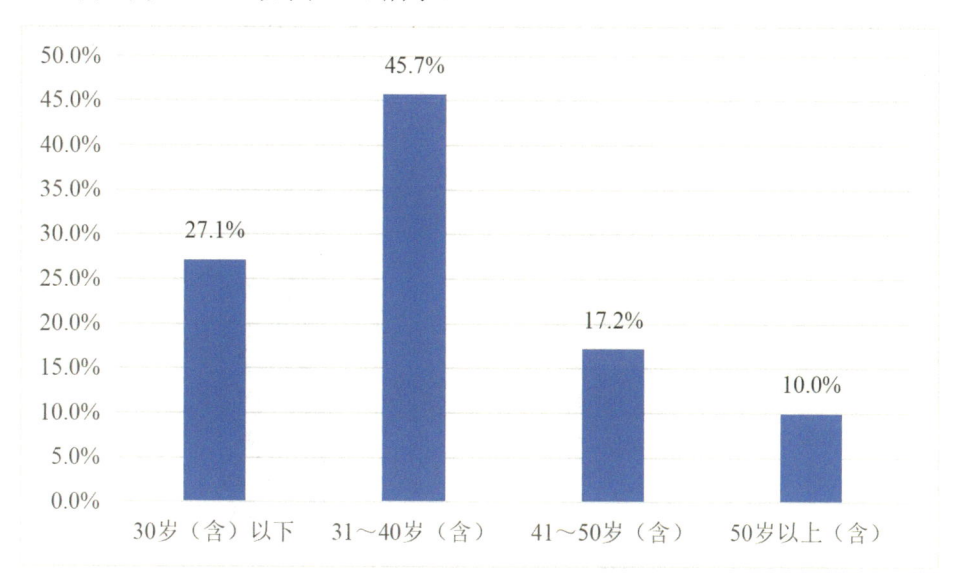

图 6.1.6 盐城市新能源汽车产业技能人员年龄分布

企业调查数据显示，新能源汽车产业技能人员中男性居多，占技能人员总数的 87.1%，如图 6.1.7 所示。

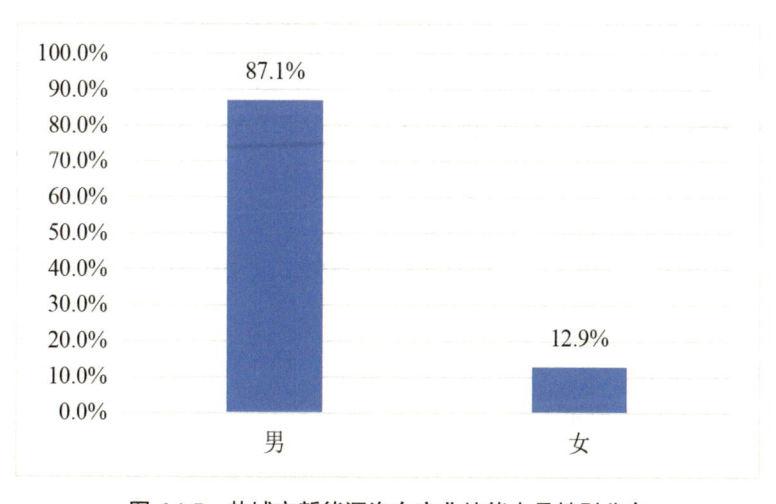

图 6.1.7 盐城市新能源汽车产业技能人员性别分布

③ 地域分布

调查数据显示，盐城市新能源汽车产业技能人员中外地人员占比为 33.1%，本地人员占比 66.9%，如图 6.1.8 所示。由于技能人员学历要求没有研发人员高，多以高职、本科学历为主，本地院校可以提供充足的用人需求，故技能人员中本地人口占比很大。

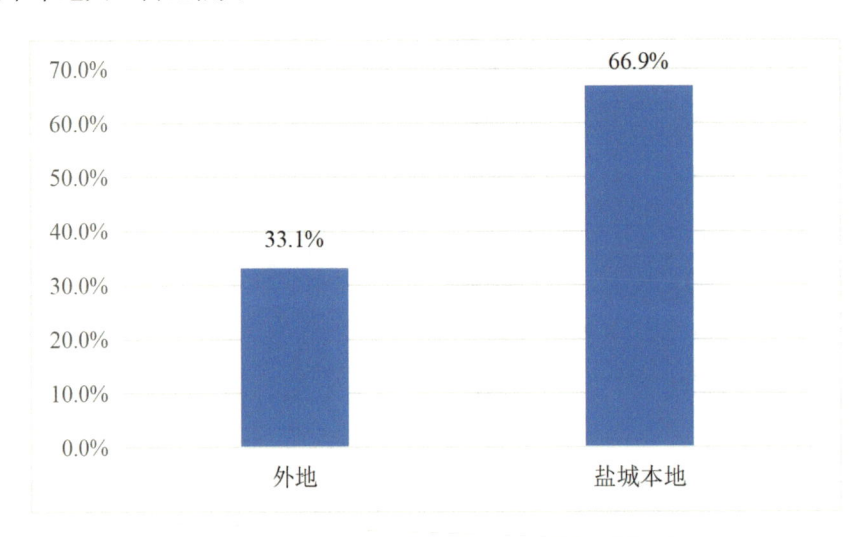

图 6.1.8 盐城市新能源汽车产业技能人员地域来源分布

（3）操作工

操作工主要包括一线生产岗位人员，以流水线工人为主。

① 学历分布

由于一线生产岗位对专业知识及技能要求非常低，故高职、中职学历占绝大多数，占比为 98.4%，如图 6.1.9 所示。

② 年龄和性别结构

企业调查数据显示，新能源汽车产业操作工以 18～40 岁（含）人员为主，占比为 61.3%，如图 6.1.10 所示。

企业调查数据显示，新能源汽车产业操作工中男性居多，占操作工总数的 88.5%，如图 6.1.11 所示。

③ 地域分布

企业调查数据显示，盐城市新能源汽车产业操作工以本地人为主，占比为 88.2%，如图 6.1.12 所示。这是由于操作工招聘门槛较低，盐城本地有大量劳动力资源，同时企业为了节约招聘成本，大多从本地招聘一线生产人员。

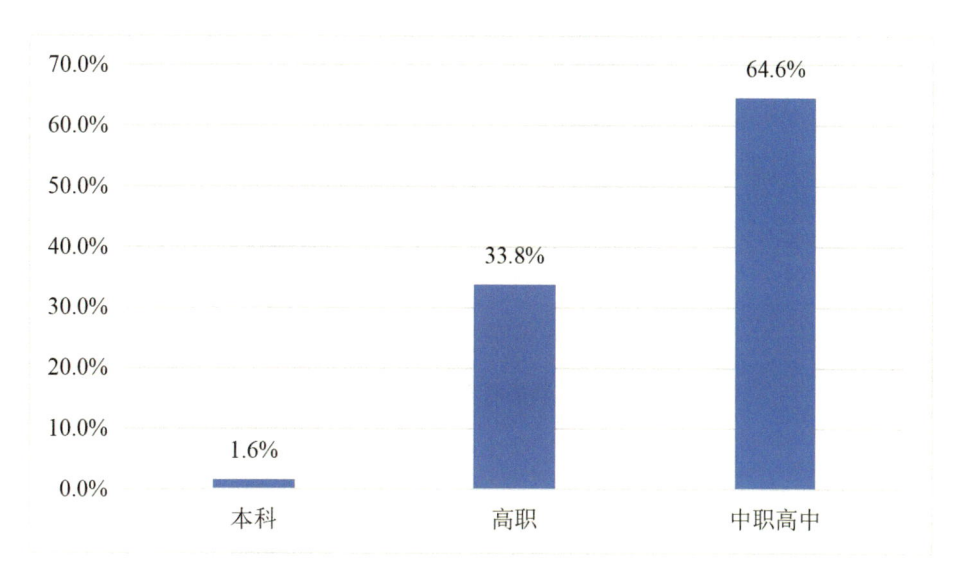

图 6.1.9　盐城市新能源汽车产业操作学历分布

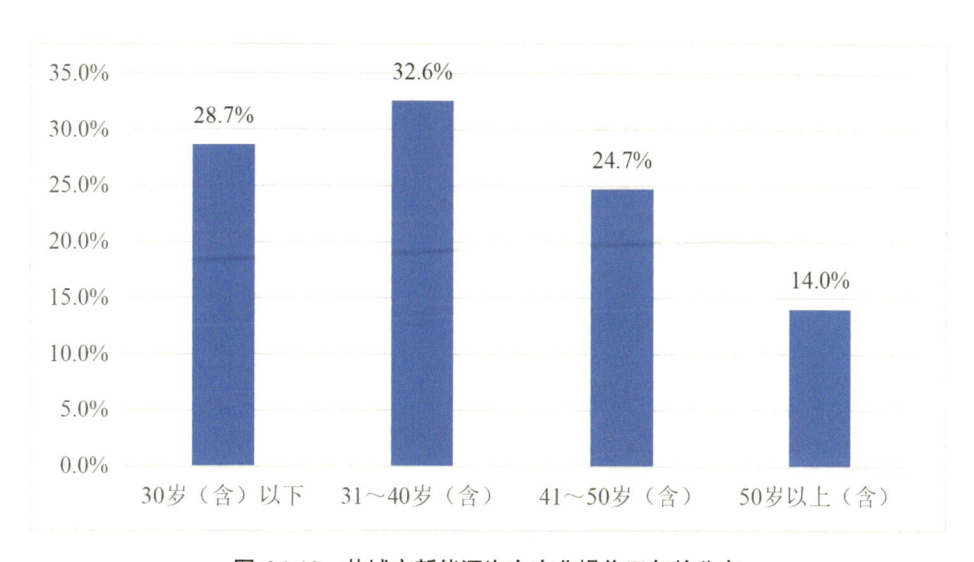

图 6.1.10　盐城市新能源汽车产业操作工年龄分布

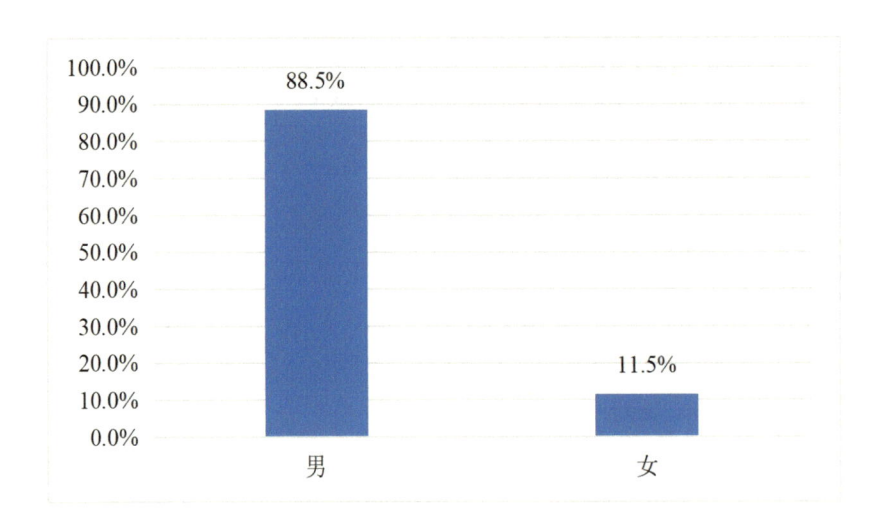

图 6.1.11　盐城市新能源汽车产业操作工性别分布

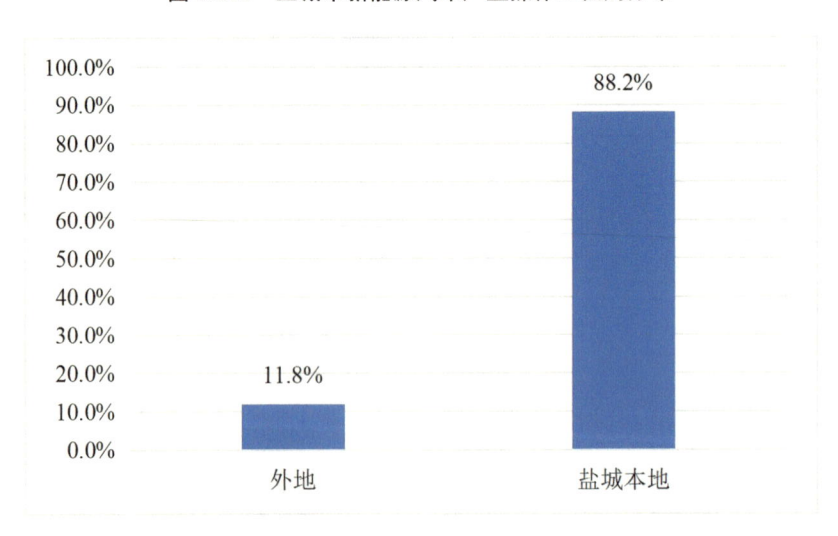

图 6.1.12　盐城市新能源汽车产业操作工地域来源分布

（二）人才质量能力需求

1. 研发人员特征分析

（1）研发人员技术领域和岗位分类

盐城市新能源汽车产业链技术领域包括动力电池技术领域、燃料电池技领域、整车控制技术领域、使用/服务技术领域等。其中，动力电池技术领域包括关键材料技术、关键零部件技术、电池管理系统软硬件开发技术、系统集成技术和测试评价技术等；燃料电池技术领域包括关键材料技术、关键零部件技术、系统集成技术、车载储氢技术、测试评价技术等；整车控制技术领域包括电动车辆整车控制器（VCU、HCU）软硬件开发技术、整车控制器测试评价技术等；使用/服务技术领域（车载电源）涉及纯电动汽车（BEV）、增程式电动汽车（REV）、插电式混合动力汽车（PHEV）、燃料电池汽车（FCEV）等各种新能源汽车，包括车辆运行安全、电池回收与利用、车载制氢、能源管理与存储等领域，新增技术为新能源汽车安全技术、充换电技术、回收与利用技术、氢燃料车载制取技术、BEV 的 V2G 技术（车端）以及 FCEV 的 V2G 技术（车端）等。

基于上述新能源汽车技术领域和具体技术分析，将新能源汽车产业研发人员分为九大工作岗位，分别为材料工程师、工艺工程师、系统集成工程师、结构工程师、电气工程师、硬件工程师、软件工程师（性能开发工程师）、仿真测试工程师、运维工程师（车端），如表6.1.1所示。

表 6.1.1　新能源汽车产业研发人员分类

技术领域	关键技术	工作岗位
动力电池技术领域	关键材料技术	材料工程师 工艺工程师 系统集成工程师 结构工程师 电气工程师 硬件工程师 软件工程师 仿真测试工程师 运维工程师
	关键零部件技术	
	电池管理系统软硬件开发技术	
	系统集成技术	
	测试评价技术	
燃料电池技术领域	关键材料技术	
	关键零部件技术	
	系统集成技术	
	测试评价技术	
	车载储氢技术	
整车控制技术	整车控制器软硬件开发技术	
	测试评价技术	

（续表）

技术领域		关键技术	工作岗位
使用/服务技术	车辆运行安全	新能源汽车安全技术	
		充换电技术	
	电池回收与利用	回收与利用技术	
	车载制氢	氢燃料车载制取技术	
	能源管理与存储	BEV 的 V2G 技术（车端）	
		FCEV 的 V2G 技术（车端）	

（2）研发人员类型定义及胜任需求

明确新能源汽车产业研发人员类型的定义是进一步分析不同类型人才特征的基础。下面从工作职责、岗位要求两个维度，对新能源汽车产业的九大岗位研发人员进行了定义和诠释，如表 6.1.2 所示。

表 6.1.2 盐城市新能源汽车产业不同研发岗位人员胜任力需求

研发岗位	工作职责	岗位要求
材料工程师	动力电池/燃料电池/电驱动关键材料研发、应用、设计和开发；动力电池/燃料电池的失效分析、机理研究、表征和改善	需要掌握相关材料的性质，具有电化学、物理学、化学等专业背景
工艺工程师	动力电池/燃料电池/电驱动核心工艺技术研究、机理分析与研究、核心工艺改善	需要掌握相关材料的工艺流程，具有电化学、物理学、化学等专业背景
系统集成工程师	整车集成、动力电池集成、燃料电池系统集成、电驱动系统集成	需要同时掌握电池、电控相关的软硬件知识；需要了解汽车的模块和架构，以便使集成产品更好地满足车端需求
结构工程师	动力电池/燃料电池/电驱动零部件结构设计与优化	需要掌握相关零部件设计方法，掌握二维、三维软件的使用

第六章　盐城新能源汽车产业人才发展现状

（续表）

研发岗位	工作职责	岗位要求
电气工程师	动力电池/燃料电池/电驱动/整车控制器电气系统设计，电路保护以及电路的可靠性设计	需要掌握高低压电路知识，熟悉高压绝缘理论知识、高低压电气设备、电路保护以及电路可靠性分析、电路设计软件以及电路设计知识
硬件工程师	动力电池/燃料电池/电驱动/整车控制器硬件设计，需求分析、详细方案设计、方案分析测试验证	需要掌握数电、模电、电路等硬件相关知识，熟练运用硬件电路设计软件；具有电子信息工程、通信工程、电气工程、自动化等相关专业背景
软件工程师	动力电池和燃料电池寿命、安全性、可靠性、能量管理等性能开发，新能源汽车整车动力、各项性能以及相应软件算法开发	需要同时掌握电池、电驱相关的软硬件知识、性能需求和控制逻辑，了解新能源整车及各零部件工作原理
仿真测试工程师	动力电池/燃料电池/电驱动的仿真、测试、标定、优化	需要探索并掌握电池、整车及相关技术标定匹配和测试验证的标准及流程，对相关软硬件的原理有充分了解，会使用相关计算机仿真软件
运维工程师	安全技术研发、充换电技术研发、动力电池回收与利用技术研发、车载制氢技术研发、能源管理及存储技术研发	需要掌握快充桩、换电、储能、电池回收与梯次利用等相关知识，了解车端电池储能、供能以及V2G互动需求

例如，材料/工艺工程师的工作职责是动力电池关键材料及工艺研发、燃料电池关键材料及工艺研发、电驱动先进材料及工艺研发。相应地，从事此类工作的人才围绕新能源汽车核心技术所需关键材料及工艺开展研发。因此，需要掌握相关材料的性质与工艺的流程，在考虑新能源汽车产品需求的同时，还要保障功能、性能的实现以及成本控制，其胜任的难度和要求远超从前。又如运维工程师（车端）的工作职责是安全技术研发、充换电技术研发、动力电池回收与利用技术研发、车载制氢技术研发、能源管理及存储技术研发，这属于

充电、换电、电池回收与利用、能源管理及存储等技术与新能源汽车需求相结合的新岗位，需要相关人才掌握快充桩、换电、储能、电池回收与梯次利用等相关知识，了解车端电池储能、供能以及 V2G 互动需求。

（3）研发人员知识结构分析

新能源汽车研发人员的专业类别或学科构成本身反映了其知识结构，如表 6.1.3 和表 6.1.4 所示。根据调查数据显示，盐城市新能源汽车研发人员中本科生的专业类别分布前 10 位中，机械类遥遥领先，约占 34.4%，其中机械设计制造及自动化专业占 16.9%，车辆工程专业占 6.8%。除机械类外，电子信息类（10.3%）、电气类（7.4%）、自动化类（5.6%）、计算机类（4.9%）等专业的人员占比也相对较高。研发人员中研究生的学科分布中机械类占比最高，约为 41.6%，其中车辆工程专业占 21.2%，除机械类学科外，电气工程（7.0%）、材料科学与工程（4.8%）、化学工程与技术（2.6%）等学科的人员也有一定占比。无论是本科生的专业类别分布还是研究生的学科分布均说明存量的新能源汽车研发人员大部分来自传统汽车研发人员的转型，同时，新能源汽车产业对跨专业类别或学科的研发人员需求旺盛。

表 6.1.3　盐城市新能源汽车研发人员中本科生专业大类及专业分布

专业大类	专业
机械类	机械设计制造及自动化
	车辆工程
	机械电子工程
	机械工程
	工业设计
电子信息类	电子信息工程
	通信工程
电气类	电气工程及其自动化
自动化类	自动化

(续表)

专业大类	专业
计算机类	计算机科学与技术
	软件工程
能源动力类	能源与动力工程
化工类	化学过程与工艺
	应用化学
材料类	材料科学与工程

表 6.1.4　盐城市新能源汽车研发人员中研究生专业大类及专业分布

专业大类	专业
机械类	机械工程
	车辆工程
	机械电子工程
材料科学与工程	材料科学与工程
	材料加工工程
化学类	化学工程与技术
电气工程	电气工程

　　通过对新能源汽车相关企业访谈发现，新能源汽车产业研发人员的知识结构分为通用知识和专业方向知识。通用知识指的是从事新能源汽车研发所必须具备的相关知识，包括自然科学和通识教育、工程基础、工程实践和汽车专业知识等；专业方向知识指的是从事不同专业方向的岗位所需具备的相关知识，分为计算机类、材料类、化工类、电子信息类、控制类、电气类。

　　同时，不同技术领域研发人员也来自不同的专业或学科。

　　动力电池领域研发人员中主要来自材料类、机械类、自动化类以及化工类专业，如表 6.1.5 所示。

表6.1.5 盐城市动力电池研发人员专业大类及专业分布

专业大类	专业
材料类	材料科学与工程
	材料加工工程
机械类	机械设计制造及自动化
	机械电子工程
	车辆工程
	机械工程
自动化类	自动化
化工类	化学过程与工艺
	应用化学

燃料电池领域研发人员主要来自机械类、电子信息类、电气类等专业，如表6.1.6所示。

表6.1.6 盐城市燃料电池研发人员专业大类及专业分布

专业大类	专业
机械类	机械设计制造及自动化
	机械电子工程
	车辆工程
	机械工程
电子信息类	电子信息工程
	电子信息与科学技术
电气类	电气工程及其自动化

整车控制技术领域研发人员主要来自机械类、电子信息类、自动化类、电气类等专业，如表6.1.7所示。

表 6.1.7　盐城市整车控制研发人员专业大类及专业分布

专业大类	专业
机械类	机械设计制造及自动化
	机械电子工程
	车辆工程
	机械工程
电子信息类	电子信息工程
	电子信息科学与技术
自动化类	自动化
电气类	电气工程

2. 技能人员特征分析

（1）技能人员范围确定

盐城新能源汽车产业技能人员分为研发辅助人员、生产制造人员、设备维护人员、品质检测人员。研发辅助人员，指新能源整车和关键零部件企业的研发辅助人员；生产制造人员，指新能源整车和关键零部件企业的生产制造人员；设备维护人员，指新能源整车和关键零部件企业的生产、制造、运输等设备和产品的维护检修人员；品质检测人员，指在一线从事新能源汽车零部件产品质量检测人员。

（2）技能人员新增技能分析

相比燃油汽车，新能源汽车对技能人员的新增技能要求主要体现在对汽车电池、电机、电控三电系统的处理能力，对新能源汽车高压电系统进行安全规范操作的能力，智能化、网联化带来的网络维护、大数据处理以及智能化设备工具的使用和维护保养能力等方面。上述技能需求依具体岗位不同，需要技能人员掌握的相应技能的程度和范围也不相同。

① 研发辅助类岗位技能人员新增技能分析

新能源汽车产业的研发辅助类岗位主要是样车的试制和试验岗，典型工作任务是完成样车的试制、试验，收集和反馈试制和试验数据信息。新能源汽车产业的研发辅助类技能人员与燃油汽车产业相比，需要掌握的知识和技能发生了明显变化。需要技能人员掌握新能源汽车电池、电机、电控等基础知识，新能源汽车整车构造和基本原理，以及车用高压电安全防护知识等，具备新能源汽车电路图、电气图识读应用能力，车身电气系统、动力电池系统性能测试技能以及新能源汽车常用工量具使用技能等，如表6.1.8所示。同时，需具备国家高压电工特种作业操作证。

表6.1.8　盐城市新能源汽车产业研发辅助类岗位技能人员新增能力需求

主要岗位	主要新增知识	主要新增技能
样车试制、试验	新能源汽车整车构造和基本原理；车用高压电安全防护知识；新能源汽车电池、电机、电控等基础知识；充电系统、加氢系统等基础知识；智能网联应用基础知识；计算机编程基础知识	新能源汽车电路图、电气图识读应用能力；新能源汽车高压电安全防护技能；新能源汽车驱动电机及控制系统、车身电气系统、动力电池系统性能测试技能；智能网联车辆仿真与道路测试技能；加氢、储氢设备操控管理技能；充（换）电设备操控管理技能；新能源汽车常用工量具使用技能

② 生产制造类岗位技能人员新增技能分析

新能源汽车产业生产制造类岗位主要包括整车及零部件装配、调试、测试、返修以及生产工艺管理、生产现场管理等。

新能源汽车产业生产制造类技能人员的技能需求相比燃油汽车产业发生了显著变化，主要体现在对以电为基础的整车总成及关键零部件的系统分析处理能力、高压电安全防护技能、智能化生产设备操控技能以及数字化处理技能等方面，如表6.1.9所示。此类岗位普遍需要从业技能人员具备国家高压电工特种作业操作证。

表 6.1.9　盐城市新能源汽车产业生产制造类岗位技能人员新增能力需求

主要岗位	主要新增知识	主要新增技能
装配、调试、测试、返修、生产工艺管理、生产现场管理、充换电设备装调、运维	新能源汽车整车构造和基本原理； 车用高压电安全防护知识； 电工电子基础知识； 新能源汽车电池、电机、电控基础知识； 新能源汽车电气系统基础知识； 新能源汽车常用材料基础知识； 信息技术基础知识； 新能源汽车生产管理知识	新能源汽车电路图、电气图识读能力； 新能源汽车高压电安全防护技能； 新能源汽车电路检测和诊断技能； 新能源汽车驱动电机及控制系统、车身电气系统拆装、检测、诊断技能； 智能辅助系统功能检测及诊断技能； 智能车载网络装调技能

③ 设备维护类岗位技能人员新增技能分析

新能源汽车设备维护类岗位主要包括自动化生产设备维护、检修、保养，充换电设备装调、运维等。

新能源汽车设备维护与传统燃油汽车相比，生产设备（电机、电脑、控制器等的生产）维护的内容大体相同，并无特殊的新增要求，但是新能源汽车相较燃油汽车增加了动力电池和充电系统，在充电桩和换电设备装调、维护方面有了新的要求，如表 6.1.10 所示。

表 6.1.10　盐城市新能源汽车产业设备维护类岗位技能人员新增能力需求

主要岗位	主要新增知识	主要新增技能
自动化生产设备维护、检修、保养，充换电设备装调、运维等	车用高压电安全防护知识； 电工电子基础知识； 新能源汽车充电系统及充电设施设备基础知识； 新能源汽车充电系统原理及构造； 信息技术基础知识	动力电池和充电系统拆装、检测、诊断、更换技能； 智能车载网络装调技能； 智能化生产设备操作、调试和维护技能； 充电设备装配、调试、质检、运维技能； 新能源汽车常用设备、工量具规范操作和维护技能等

④ 品质检测类岗位技能人员新增技能分析

新能源汽车产业品质检测类岗位主要包括质量检测、品质管理等。新能源汽车品质检测要求从业人员对电子电气化产品，如电机、电机控制器、高压配电盒、DC-DC 等装置的主要功能、检测方法及原理有所掌握。相比于燃油汽车，增加了电气化产品的技能要求，如表 6.1.11 所示。

表 6.1.11　盐城市新能源汽车产业品质检测类岗位技能人员新增能力需求

主要岗位	主要新增知识	主要新增技能
质量检测、品质管理	车用高压电安全防护知识； 电工电子基础知识； 新能源汽车电子电气化零部件主要原理； 信息技术基础知识； 新能源汽车检测与诊断设备基本工作原理、流程及检测标准	电机、电机控制器、高压配电盒、DC-DC 等检测技能； 新能源汽车常用设备、工量具规范操作和维护技能等； 质量品控管理、质量体系执行

（3）技能人员专业分析

企业问卷调查数据分析显示，目前盐城新能源汽车产业技能人员主要专业类分布如图 6.1.13 所示。

计算机类	2.10%
统计类	2.30%
公共管理类	2.30%
工商管理类	2.30%
化工技术类	2.50%
电子信息类	3.20%
机械设计制造类	12.00%
自动化类	16.00%
汽车制造类	28%
道路运输类	29%

图 6.1.13　盐城新能源汽车产业技能人员主要专业类分布

从图 6.1.13 可以看出，新能源汽车产业技能人员专业类以道路运输类、汽车制造类、自动化类和机械设计制造类四大专业类为主。根据企业调研反馈，现阶段新能源汽车产业相关专业背景的技能人员在快速增加，但与企业需求仍存在较大差距。另外，随着汽车电动化、智能化、网联化、共享化发展以及智能生产线的推广应用，企业对技能人员在电子电路、计算机、IT、网络、数据处理等方面的知识与技能需求越来越高，对电子信息类、计算机类专业的技能人员需求也在提高。

3. 操作工特征分析

操作工主要是指在生产车间从事流水化生产作业的一线工作人员。无论是燃油车还是新能源汽车，此类人员主要从事的都是简单的流水化工作内容，岗位特点具有简单化、重复化、机械化的特点。同时，该岗位的人员学历普遍以高中、职中为主，因此，新能源汽车行业操作工并无新增技能要求，需要严格服从企业各项规章制度，遵守安全规范，保质保量完成生产任务。

（三）人才保障能力分析

1. 企业人才来源分析

（1）研发人员来源分析

企业调研结果显示，盐城新能源汽车产业研发人员主要来自校园招聘、社会招聘和海外引进三个主要途径。盐城新能源汽车企业社会招聘占比最高，为 82.7%；其次是校园招聘，占比为 14.8%；海外引进占比为 2.5%，如图 6.1.14 所示。可以看出，盐城新能源汽车企业研发人员的用人需求以招来即用为主，人员大多来自社会招聘，少部分以校园招聘培养储备人才为目的。这是由于盐城新能源汽车企业以中小型企业为主，缺乏大型的自主研发车企，悦达起亚的中国岗位大多以生产、管理岗位居多，对研发的需求较小。总体上，盐城的人才招聘以高薪招聘、即招即用的短平快人才策略为主。

对个人问卷调查数据分析发现，通过社会招聘加入盐城新能源汽车企业的研发人员中，其他新能源汽车企业所占比例最高，为 51.4%；第二是化工、机械等其他行业，占比为 31.9%；第三是其他传统燃油汽车企业，占比为 13.9%；

互联网、软件人员比例仅占 2.8%，如图 6.1.15 所示。其他新能源汽车企业占比高体现出盐城新能源汽车企业的用人策略：高薪招聘相关领域的研发人才，从而以最高效率解决企业难题，这种策略既实用又能提高企业运转速率。

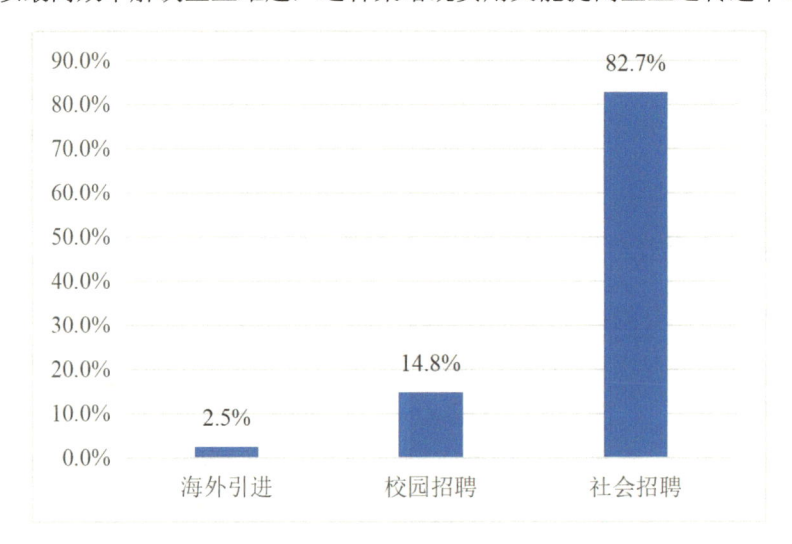

图 6.1.14　盐城新能源汽车产业研发人员招聘来源

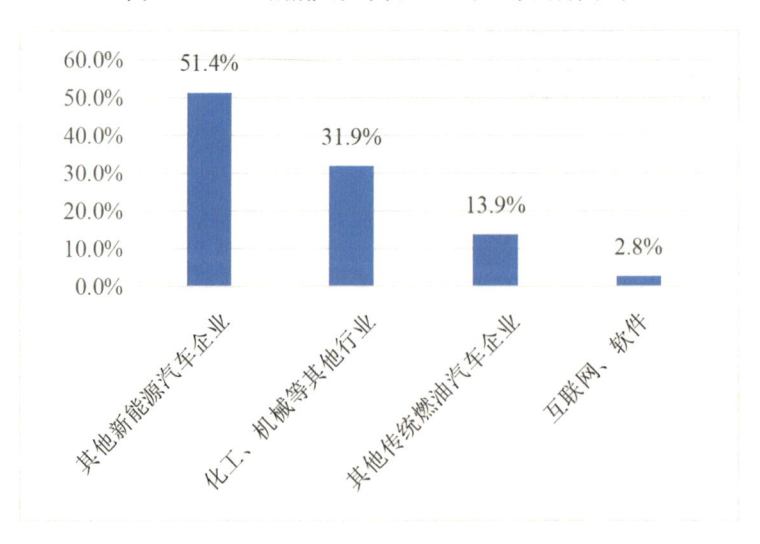

图 6.1.15　盐城新能源汽车产业研发人员行业来源

校园招聘的研发人员主要来自盐城高校，占比达到了 64.7%，"双一流"高校和外地普通高校占比较小，分别为 15.9% 和 19.4%，如图 6.1.16 所示。这从侧面说明了盐城的新能源汽车企业规模及职业发展对外地优秀的应届毕业人才吸引力有限;但是随着盐城新能源汽车产业的不断完善以及盐城市政府黄海明珠人才引进计划的不断实施,这一局面将有所改观。

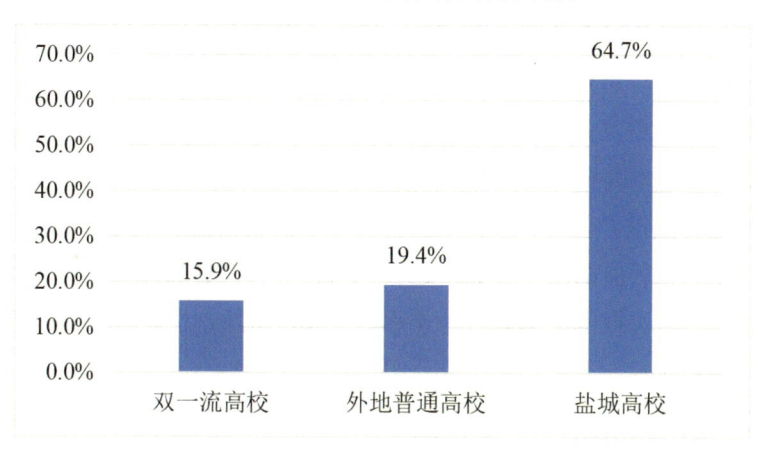

图 6.1.16　盐城新能源汽车产业研发人员院校来源

(2) 技能人员来源分析

企业调研数据分析显示,新能源汽车产业技能人员来自校园招聘的比例为 22.9%,相较于研发人员的 14.8% 有所提升,来自社会招聘的比例为 77.1%,以社会招聘为主的现象仍然没有改变,如图 6.1.17 所示。

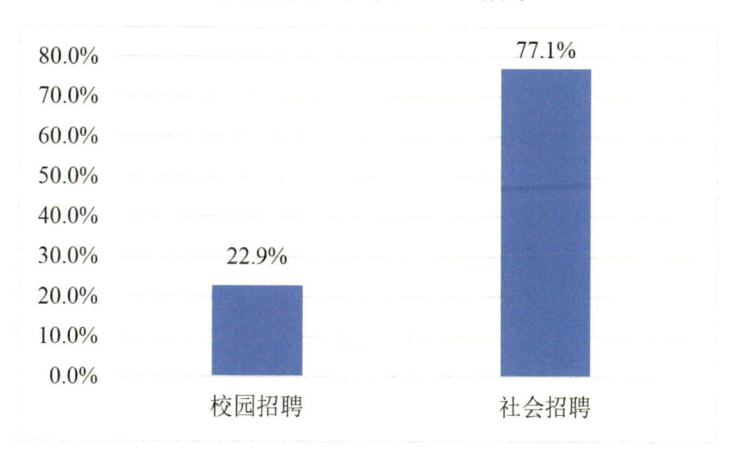

图 6.1.17　盐城新能源汽车产业技能人员招聘来源

从满足企业用人需求来看,校园招聘相对社会招聘具有以下优点:一是职业院校对口专业学生掌握了更系统全面的新能源汽车专业基础知识，更易于在实际业务中理解学习，快速适应岗位需求；二是许多企业与国内有汽车专业优势的学校合作开展"产教融合"，进行定向培养，匹配企业需求更精准；三是应届毕业生基数大，企业可批量培养、输入，提高人才输入效率；四是企业普遍认为应届毕业生可塑性好，具有培养潜力和更高的稳定性。

当然，校园招聘方式也存在一些不足，比如人才普遍实践能力薄弱、培养周期长、培养成本高等，这些都需要在职业院校新能源汽车相关专业的人才培养方案中进行改进。

相比之下，新能源汽车企业通过社会招聘方式引进的技能人员，往往招聘难度大、效率低、投入成本高且人才稳定性低，但是，社会招聘的技能人员岗位适应性强。

（3）操作工来源分析

企业调研数据分析显示，新能源汽车产业操作工绝大部分来源于社会招聘，社会招聘的比例为92.2%，校园招聘比例为7.8%，如图6.1.18所示。

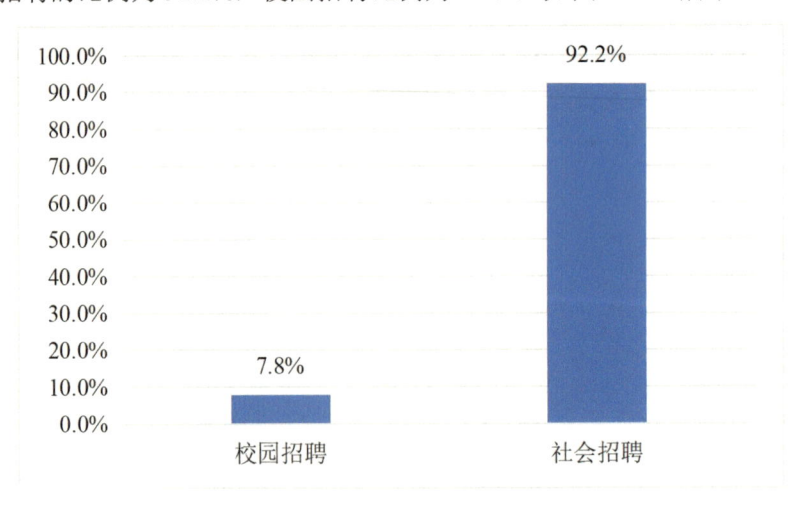

图 6.1.18　盐城新能源汽车产业操作工招聘来源

相较于研发人员和技能人员，操作工社会招聘的比例更大，分析原因如下：

第一，操作工岗位的工作环境比较恶劣。相比于生产车间，学生更愿意去办公室、商场、酒店这类场所工作。

第二，操作工岗位工作强度大，很难有自由支配的休息时间。目前流水线工作大多以两班倒的工作形式为主，每月仅休息 2~4 天，虽然工资比同类工种（中介、服务员等）高，但是学生更愿意从事休息时间更多的工作。

第三，盐城工资普遍较低。根据企业调查数据显示，工作时间两班倒、月休 4 天的操作工平均工资为 4000~4500 元/月，相较于苏南企业薪资普遍较低。因此，学生更愿意去苏南工作。

2. 人才保障途径

目前盐城新能源汽车产业发展需求和人才供应不均衡的情况是行业的快速发展未能与相关教育体系形成联动效应的结果。高等教育和职业教育未能随着汽车行业的技术、技能需求设置对应的教学内容，在教育层面形成了复合知识技能需求的空缺。

针对此种情况，政府、企业、高校等各个层面通过多种方式为新能源汽车产业培养人才，并逐渐形成上下联动的局面。

在政府层面，以盐城市科学技术局为例，围绕能源动力、电驱系统、智能驾驶、支撑技术、整车平台 5 个技术方向，按照基础前沿技术、共性关键技术、示范应用，启动市基础研发和重点研发计划。这些项目的实施为新能源汽车领军人才的培养提供了有力的支撑。

在企业层面，结合企业深访结果，为了解决目前复合型人才缺少的情况，企业优先选择社会招聘，用更高的薪资来吸引复合型人才。其次是培训，培训是提高工程师技术素养最直接有效的方法。企业结合不同的岗位，开设对应的课程，采取企业内部+外部机构培训的方式，建立企业内部的培训及评价体系，为工程师提供自我提升或择岗的机会，并在培训合格后给予其与岗位级别对应的薪资，或允许工程师转到公司需求岗位以填补空缺。另外，企业也有意识地建立紧缺岗位的人才梯队，从高校入手，选择与岗位需求接近的专业，为在校学生提供实习机会。一方面吸引学生进入企业了解企业情况，从而吸引其就业；另一方面也可以在实习过程中筛选适合的人选，同时有针对性地开展岗位技能培养，缩短其入职以后的适应期。

在高校层面，以盐城工学院为代表的本科院校、以盐城工业职业技术学院为代表的高职院校，以及江苏省盐城技师学院、盐城机电高等职业技术学校、盐城生物工程高等职业技术学校等中职院校,均在积极探索有效的新能源汽车人才培养改革方案。本科院校倾向于对课程体系进行梳理,通过增加系列新能源选修课程或者在原有车辆工程专业下设新能源汽车方向,给学生补充新能源汽车领域相关知识,更加注重学生终身学习能力的培养。职业院校注重技能人员的培养,通过教材改革、实习实训方面的调整满足企业对技能人员的需求。还有一些高校、职业院校为提升对接,建立产业学院与企业协同进行人才培养的机制。

此外,在社会层面,盐城汽车行业协会搭建的培训平台也是一种很好的尝试,它针对拟转岗研发人员和技能人员,根据企业需求,开发了一系列新能源汽车课程,有效地补充跨学科(专业)的知识,帮助研发人员更好地过渡到新的研发和技能岗位。

第二节　院校人才培养

目前,盐城市的各大院校对新能源汽车技术的人才培养作出了积极探索,多所院校开设了新能源汽车专业或相关专业,旨在培养新能源汽车行业的研发、装配、维修人才。本节以普通高等本科院校、普通高等专科职业院校及普通中等专科职业院校为对象,选取代表性院校,对其人才培养方案、专业建设特色进行了调研,并对结果进行了归类分析。见表 6.2.1。

表 6.2.1　盐城学校新能源汽车相关专业开设情况

学校层次	学校名称	开设专业	培养特色
普通高等本科院校	盐城工学院	车辆工程、新能源汽车工程、汽车服务工程	培养新能源汽车及相关零部件的产品设计、制造、试验及相关技术、管理方面的人才
普通高等专科职业院校	盐城工业职业技术学院	新能源汽车技术、汽车制造与试验技术、汽车技术服务与营销	培养新能源汽车整车和部件装配、调试、检测、质量检验、营销的人才
普通中等专科职业院校	江苏省盐城技师学院	新能源汽车检测与维修	培养新能源汽车调试、质检、维修的人才

从盐城范围来看，不管是本科院校，还是高职院校、中职院校，都已经在新能源汽车人才的培养方面开展了积极建设。差异点在于：普通本科院校更倾向于从新能源汽车的设计、原理探究的角度展开教学活动，竞赛也偏向于小车的结构设计、动力匹配等方向；职业院校更加倾向于从检测与维修的角度展开教学活动，参与竞赛也大多是针对新能源汽车的检测和维修。这二者在盐城新能源汽车产业人才供应上走的是不同赛道，又能起到互补的效果。

（一）普通高校人才培养

盐城工学院建于1958年，1996年升格为江苏省属全日制普通本科高校，是教育部"卓越工程师教育培养计划"试点高校、国家"十三五"产教融合发展工程规划项目实施高校。学校设置有汽车工程学院，由车辆工程、汽车服务工程及新能源汽车工程等专业支撑形成汽车技术专业群。其中，车辆工程专业为"十四五"江苏省重点学科支撑专业、省级重点专业类建设专业；汽车服务工程专业为校级重点建设专业；顺应社会发展，2023年新增新能源汽车工程专业，不断深化应用型本科教育教学改革，积极探索"产教融合、校企合作"专业复合型人才培养模式，实现学业与就业的高度融合。学院拥有车辆工程、交通运输工程2个硕士研究生专业学位授权领域。见表6.2.2。

表6.2.2 盐城工学院新能源汽车及相关专业课程设置

专业	车辆工程	汽车服务工程	新能源汽车工程
专业基础课程	车辆工程专业概论、三维建模与机械工程、电工电子学、工程力学、材料科学基础与热加工工艺、机械原理、机械设计、流体力学	汽车服务工程专业概论、工程制图、工程力学、电工电子学、机械设计基础、材料科学基础与热加工工艺、热工学基础、精度设计与标准化	新能源汽车概论、工程制图、电工电子学、工程力学、材料科学基础与热加工工艺、机械原理、机械设计、流体力学、热工学基础

(续表)

专业	车辆工程	汽车服务工程	新能源汽车工程
专业核心课程	汽车构造、汽车理论、汽车设计、汽车试验技术、汽车制造技术	汽车构造、汽车理论、汽车电器与电子技术、汽车检测与诊断技术、汽车营销学、汽车服务企业管理、汽车保险与理赔	新能源汽车构造、汽车理论、新能源汽车设计、汽车动力电池及其管理系统、新能源汽车驱动电机及控制技术、新能源汽车试验技术、新能源汽车制造技术
专业选修课程	单片机原理与应用、控制工程基础、发动机原理、汽车电子控制技术、测试技术与信号处理、赛车设计、赛车虚拟仿真设计、电动汽车设计、汽车模具设计、液压与气动技术、无人驾驶技术、新能源智能网联汽车技术、新能源汽车技术	汽车三维设计基础、测试技术与信号处理、单片机原理与应用、液压与气动技术、汽车维修工程、发动机原理、控制工程基础、旧机动车鉴定与评估、汽车试验技术、汽车安全性与法规、新能源与智能网联汽车技术、汽车电路CAD、汽车有限元分析、汽车事故工程、汽车设计、汽车生产与质量管理	软件学基础、汽车三维设计基础、汽车电器与电子技术、控制工程基础、单片机原理与应用、新能源汽车建模与仿真、测试技术与信号处理、DSP原理与应用、汽车电路CAD、车辆智能控制、液压与气动技术、汽车振动学、精度设计与标准化、汽车主动安全技术、新能源汽车节能技术、新能源汽车安全性与法规、新能源汽车无人驾驶技术、新能源汽车智能网联技术
专业实践课程	制图综合训练、金工实习、电工电子实习、机械原理课程设计、机械设计课程设计、汽车电子系统开发设计、汽车制造技术课程设计、汽车设计课程设计、车辆工程专业实训	制图测绘、金工实习、电工电子实习、AutoCAD实训、机械设计课程设计、商用车销售服务1+X中级考证、汽车维修工中级考证培训、发动机拆装实习、机械零部件装配技能训练、汽车制造技术基础课程设计、汽车维修训练、汽车电子技术课程设计	金工实习、电工电子实习、机械原理课程设计、机械设计课程设计、专业实习、新能源汽车驱动电机及控制技术课程设计、新能源汽车设计课程设计、新能源汽车制造技术课程设计、新能源汽车工程专业实训

车辆工程专业主要培养学生掌握汽车及零部件制造、汽车制造成套装备及专用车辆设计、试验等技术，分析车辆工程领域复杂工程问题，设计针对车辆工程领域复杂工程问题的解决方案。汽车服务工程专业主要培养学生设计针对汽车制造行业生产管理、营销及售后服务管理等方面的解决方案，设计满足汽车现代营销及售后服务的系统、产品生产或汽车服务的工艺流程，基于科学原理并采用科学方案对汽车服务中出现的问题、故障进行研究，针对汽车各类故障而选择、开发恰当的技术进行检测和分析。汽车服务工程同样也将新能源汽车技术作为专业选修课程，增强学生与时俱进的能力。新能源汽车工程专业培养学生利用计算机辅助设计制造、数学建模、性能仿真分析软件，对新能源汽车设计、性能匹配、能源管理及实验技术等方面的复杂工程问题提出解决方案。

分析盐城工学院汽车工程学院的培养方案，可以看出，不论是车辆工程还是汽车服务工程，都将新能源汽车技术与汽车智能网联技术设置为专业选修课，以与行业的发展与时俱进，从而适应技术、市场发展的节奏。新能源汽车工程专业则对新能源汽车的相关技术，尤其是电池、电控、电机这三个新能源汽车的核心技术进行深入学习，更能针对性培养新能源汽车相关从业人员的能力。通过课程设置可以看出，盐城工学院着力为盐城市的新能源产业输送设计、研发、制造及营销人才。

从该院校的课程设置来看，该校有三个专业与新能源汽车相关，分别是车辆工程、汽车服务工程和新能源汽车工程。

车辆工程和汽车服务工程这两个专业，并没有在专业基础课和专业核心课程中设置与新能源汽车技术相关的课程，新能源汽车最重要的动力电池技术、电机及控制技术等课程都没有出现在其中，只在专业选修课中涉及零星的如新能源汽车技术、智能网联汽车技术等课程，不仅不是必修课，且这类课程总体偏"科普"，内容虽多却杂、浅、泛，并没有深入涉及新能源汽车的核心技术的专业练习。从车辆工程和汽车服务工程这两个专业的角度来看，这样设置课程并没有什么问题，但在如今传统燃油汽车市场饱和、新能源汽车行业爆炸式发展的背景下，这两个专业培养的人才显然是难以适应当前的汽车市场的。

反观该校设置的新能源汽车工程专业，虽然在专业核心课中设置了电机学、动力电池技术等课程，但是总体来讲学时少，且都是以理论课程为主，缺乏相对应的实践项目，学生在毕业后很难适应新能源汽车企业的工作模式。在该专业的课程设置中，有些课程中会出现重复的情况，如电机学和驱动电机与控制技术，部分内容会出现重复。

新能源汽车工程专业的开设晚于车辆工程，因此在课程的设置上是以车辆工程为基础，虽然新能源汽车在车辆工程范畴内，但车辆工程专业里的许多已经淘汰的知识或完全与新能源汽车无关的知识，新能源汽车工程专业的学生依然要学习。由于没有做好课程的优化，新能源汽车工程的学生需要学习大量车辆工程专业的机械类基础课，在此基础上学习新能源汽车的知识，因此在课时量固定的前提下，需要对传统车辆工程专业的课程进行优化。

盐城工学院的实训条件较为良好，学院依托专业建立的省级实验中心有：电气与新能源综合实验教学中心、物理及电工电子实验中心、计算机基础实验中心和环保装备及先进制造实践教育中心。实验室使用面积达到 7866 m^2，教学仪器设备 3243 台套。实验教学资源实行校、院两级管理，实现了集约化、共享化、规范化，构建了有利于培养学生实践能力和创新能力的实验教学平台。学院的校内实训基地情况见表 6.2.3。

表 6.2.3　新能源汽车工程专业校内实训基地

序号	名称	主要设备	实训项目
1	新能源汽车关键技术实训室	三元锂电池台架，电动车电控系统台架，电机台架	新能源汽车的电池、电机、电控技术的组成及工作原理
2	动力电池和管理系统实训室	磷酸铁锂动力电池组，电池管理系统（BMS），充电桩与充电枪	新能源纯电动汽车动力电池管理课程教学和维修维护实训
3	新能源汽车动力性能测试实训室	高性能电机台架，电机台架，两驱两电机试验台架，混动总成试验台架	纯电动及混合动力总成系统的开发标定、策略优化与性能验证需求
4	新能源整车性能实验室	高低温环境性能仓，性能底盘测功机，北汽新能源汽车	整车动力经济性、汽车热平衡、高低温续航里程等试验
5	手动变速器及传动系统实训室	悦达起亚手动变速器，大众车系手动变速器	手动变速器拆卸、检修、安装调整

（续表）

序号	名称	主要设备	实训项目
6	自动变速器实训室	悦达起亚自动变速器，大众车系、日系自动变速器	自动变速器拆卸、检修、安装调整
7	转向系及悬挂系统实训室	悦达起亚转向系总成，大众车系、日系转向系总成	转向系拆卸、检修、安装调整
8	新能源汽车制动系实训室	比亚迪车系制动系总成，大众车系、日系转向系总成，制动能量回收系统	制动系拆卸、检修、安装调整
9	新能源汽车车身电器及空调系统实训室	比亚迪车系电动门窗、电动座椅、安全气囊，普通空调，自动空调	汽车车身电器设备原理和故障诊断、排除
10	新能源汽车检测诊断仿真实验室	比亚迪汽车检测诊断、维护保养软件	汽车故障判断，检修方案制定
11	智能网联汽车综合实训室	交通场景模拟仿真软件，自动驾驶算法及模型，操作台，计算机平台	虚拟仿真软件仿真项目实训，仿真场景搭建实训，自动驾驶系统操作及控制仿真车实训

盐城工学院汽车工程学院依托专业分别与博世汽车零部件（苏州）、江苏悦达集团有限公司旗下的整车及汽车零部件公司、捷威动力工业江苏有限公司等22家企业签订了实习实训基地协议书，其软硬件资源均面向学院教师和学生开放。此外，学校还在江苏悦达智能农业装备有限公司和盐城赛福汽车零部件有限公司等企业建有省级研究生工作站。学院依托专业群与上海卓宇、大陆集团、伟博动力和常州昆仑三迪等企业建立预就业基地。不足的是校企合作的力度有待加强，校企合作更多体现为学生去企业工厂进行参观学习，未能真正进入生产流程。

（二）职业院校人才培养

1. 盐城工业职业技术学院

盐城工业职业技术学院为普通高等专科学校，其汽车学科有较为深厚的积淀。汽车与交通学院于 2014 年成立，并设置了与汽车制造、检测、维修等相关的专业。随着新能源汽车的发展，该校与时俱进，开设了新能源汽车技术专业和汽车智能技术专业，以新能源汽车为学习核心，开展学生培养工作。该学院与新能源汽车相关的专业有汽车制造与试验技术、汽车技术服务与营销、汽车智能技术及新能源汽车技术。不同于本科院校，职业院校更加注重学生的职业能力发展，不同专业的学生都有相对应需要考取的职业技能证书，同时强化学生职业素质教育，积极组织学生参加职业技能大赛。

表 6.2.4 盐城工业职业技术学院新能源汽车及相关专业课程设置

专业	汽车制造与试验技术	汽车技术服务与营销（3+2）	汽车智能技术	新能源汽车技术
专业基础课程	高等数学、机械制图、汽车专业英语、数据采集与分析、汽车标准与法规概论、汽车构造、汽车电气设备、新能源汽车技术	机械制图、工程力学、电工电子学、互换性与测量技术、机械设计基础、大学物理、汽车商务礼仪、精度设计与标准化、汽车三维设计训练、单片机原理与应用、汽车制造技术基础、液压与气动技术、测试技术与信号处理	机械制图、模拟数字电路、汽车构造、汽车电气设备、数字电子技术、C 语言程序设计、新能源汽车技术、汽车专业英语	高等数学、机械制图、汽车机械基础、汽车电气设备、汽车构造、新能源汽车技术、新能源汽车电工电子技术、汽车电路识读、汽车专业英语
专业核心课程	金属材料与热处理、汽车制造工艺、汽车装配与调试技术、汽车试验技术、汽车检测技术、PLC 控制技术、汽车故障诊断及排除	汽车构造、汽车营销与策划、工程材料与热加工、汽车保险与理赔、汽车检测技术、二手车鉴定与评估、汽车检测技术、金属材料及热处理、汽车电子技术、汽车服务企业、汽车理论	汽车传感器技术、智能网联汽车技术、汽车电控技术、汽车单片机技术、新能源汽车检测技术、车载网络与通信技术、汽车电子产品设计及制作	电学基础与高压安全、混合动力汽车结构原理与检修、新能源汽车电池及维护、新能源汽车驱动电机与维护、新能源汽车电控系统与维护、新能源汽车综合故障诊断

（续表）

专业	汽车制造与试验技术	汽车技术服务与营销（3+2）	汽车智能技术	新能源汽车技术
专业拓展课程	互换性与测量技术、汽车机械基础、三维造型设计与制图、汽车电工电子技术、汽车电控技术、汽车维护与保养技术、汽车单片机与车载网络技术、工程力学	电动汽车结构与原理、智能网联汽车概论、汽车配件管理与营销、新能源汽车技术、汽车试验技术、CAD/CAM 技术、数控技术及应用、汽车有限元分析、汽车事故工程、汽车生产工艺与管理、汽车制造装备、工程经济学、汽车文化、发动机原理、汽车维修工程、测试技术与信号处理	车载智能终端安装与调试、人工智能技术、二手车鉴定与评估技术、汽车保险理赔、汽车服务企业管理、混合动力汽车结构原理与检修	智能网联汽车技术、燃料电池汽车技术、新能源汽车轻量化技术、汽车试验技术、汽车单片机与车载网络技术、汽车检测技术、金属材料与热处理、汽车标准与法规概论、工程力学
专业实践课程	AutoCAD 实训、钳工实习、测绘制图、汽车机械基础课程设计、数控编程与加工技术、PLC 设计、汽车维修工中级培训、汽车运用与维修、发动机检修、变速器检修、专创融合实践课程、毕业设计、毕业实习	专创融合实践课程、制图测绘 B、金工实习、电工电子实习、AutoCAD 实训、机械设计课程设计、商用车销售服务 1+X 中级考证、汽车维修工中级考证培训、发动机拆装实习、机械零部件装配技能训练、汽车制造技术基础课程设计、汽车维修训练、汽车电子技术课程设计、专业实习、专业综合实验、毕业实习	AutoCAD 实训、电工考证、智能网联汽车检测与运维培训、商用车销售服务培训、汽车运用与维修培训、汽车维修工中级考证培训、专创融合实践课程、毕业设计（论文）、毕业实习	汽车检测实训、AutoCAD 实训、智能网联汽车综合实训、汽车维修工中级考证培训、汽车机械基础课程设计、专创融合实践课程、毕业设计（论文）、毕业实习

分析盐城工业职业技术学院的人才培养方案，可以看出职业院校更加注重学生职业能力的提升，开设的课程也多与车辆的检测和维修相关，具有较强的实用性技能。除了新能源汽车技术专业与新能源汽车产业强相关外，另外三个专业也都将新能源汽车技术与智能网联技术作为专业拓展课为学生提供更多的学习机会。通过课程设置可以看出，盐城工业职业技术学院能够为盐城市的新能源汽车产业输送装配、检测、维修、营销人才。

该校设置的专业与新能源汽车强相关的有汽车智能技术、汽车制造与试验技术和新能源汽车技术。从课程的设置来看，汽车制造与试验技术专业仅有一门新能源汽车技术课程与新能源汽车相关，更多的是立足于传统燃油汽车的制造和试验，不太能够适应当前已经饱和的燃油汽车市场和爆发式增长的新能源汽车市场的形势发展。汽车智能技术专业立足于智能网联汽车，而智能网联汽车在大趋势上则是新能源汽车的"进阶版本"，课程的设置虽然也体现了新能源汽车的结构与检修等，但它的问题和汽车制造与试验技术专业类似，都是将新能源汽车技术作为扩展课程，缺乏动力电池、电机驱动等核心课程，汽车智能技术专业在就业市场上也更加偏向研究型层次学历的人才，该专业毕业生就业可能面临需求错配的情况。新能源汽车专业设置的课程包含电学基础与高压安全、新能源汽车驱动电机与维护、新能源汽车电控系统与维护等专业核心课程，但该校是职业院校，以学生职业能力的培养为主，在专业实践课程中，涉及新能源汽车检测或维修的课程相对较少。该校的汽车技术服务与营销专业，旨在为汽车后市场服务行业培养人才，设置课程以传统汽车的维护、保养、营收和售后为主，只以新能源汽车技术课程作为补充，但面对保有量日益增长的新能源汽车，这些是不够的。

实践课程不足的很大原因是学校受限于经费、场地等问题。该校学院、专业众多，能够分配到二级学院的经费有限，学院共3辆新能源汽车、不足10台新能源汽车教学台架供教学使用，这个数量是远远无法满足三个年级100余人的新能源汽车技术专业学生的需求的。

该校的校企合作也在有序进行中，与悦达起亚等规上企业共同开展教学，30余名企业的能工巧匠、技能大师参与到教学工作中，该校的学生技能培养较能适应新能源汽车的生产活动。但由于苏南地区的虹吸效应，技能水平较好的学生倾向于毕业后去苏南地区求职，盐城本地企业的技能人才需求得不到满足，加之政府给予企业的优惠政策有限，因此企业在校企合作方面驱动力不足，校企合作的效果没有预想的好。

2. 江苏省盐城技师学院

江苏省盐城技师学院为全省首批重点技师学院，共 10 个二级学院，覆盖技师、高职、高技、中技四个办学层次。2004 年成立汽车应用系，在籍生近 3000 人，开设汽车维修、汽车检测、汽车技术服务与营销、新能源汽车检测与维修、汽车工程技术等汽车相关专业。与普通高等学校不同，江苏省盐城技师学院更加注重学生职业能力的培养，并更加专注于汽车的维修层面。江苏省盐城技师学院与新能源汽车产业相关的专业是新能源汽车检测与维修专业、汽车维修、汽车技术服务与营销、智能网联汽车应用。其中，与新能源汽车产业关联最深的专业为新能源汽车检测维修专业，在校生共 450 余人。根据学制的不同，该专业设置不同的课程安排。该专业有初中起点三年、高中起点三年、初中起点五年、高中起点四年、初中起点六年共五种学制安排，课程课时量安排见表 6.2.5。

表 6.2.5　江苏省盐城技师学院新能源汽车检测与维修专业课程设置情况

学制	课程（除公共课程）
中级技能层级 （初中起点三年）	新能源汽车检查与常规维护（200 学时） 新能源汽车底盘检修（200 学时） 新能源汽车电器检修（200 学时） 新能源汽车空调检修（100 学时） 新能源汽车高压系统检查与维护（200 学时）
高级技能层级 （高中起点三年）	新能源汽车检查与常规维护（200 学时） 新能源汽车底盘检修（200 学时） 新能源汽车电器检修（200 学时） 新能源汽车空调检修（100 学时） 新能源汽车高压系统检查与维护（200 学时） 新能源汽车电器故障诊断与排除（200 学时） 新能源汽车底盘故障诊断与排除（200 学时） 新能源汽车空调故障诊断与排除（100 学时） 新能源汽车高压系统检修（200 学时）

（续表）

学制	课程（除公共课程）
高级技能层级 （初中起点五年）	新能源汽车检查与常规维护（200学时） 新能源汽车底盘检修（200学时） 新能源汽车电器检修（200学时） 新能源汽车空调检修（100学时） 新能源汽车高压系统检查与维护（200学时） 新能源汽车电器故障诊断与排除（200学时） 新能源汽车底盘故障诊断与排除（200学时） 新能源汽车空调故障诊断与排除（100学时） 新能源汽车高压系统检修（200学时）
技师（预备技师）层级 （高中起点四年）	新能源汽车检查与常规维护（200学时） 新能源汽车底盘检修（200学时） 新能源汽车电器检修（200学时） 新能源汽车空调检修（100学时） 新能源汽车高压系统检查与维护（200学时） 新能源汽车电器故障诊断与排除（200学时） 新能源汽车底盘故障诊断与排除（200学时） 新能源汽车空调故障诊断与排除（100学时） 新能源汽车高压系统检修（200学时） 新能源汽车高压系统故障诊断与排除（160学时） 新能源汽车驾驶辅助系统故障诊断与排除（160学时） 新能源汽车综合性能检测与评估（160学时） 新能源汽车维修现场指导与技术培训（80学时）
技师（预备技师）层级 （初中起点六年）	新能源汽车检查与常规维护（200学时） 新能源汽车底盘检修（200学时） 新能源汽车电器检修（200学时） 新能源汽车空调检修（100学时） 新能源汽车高压系统检查与维护（200学时） 新能源汽车电器故障诊断与排除（200学时） 新能源汽车底盘故障诊断与排除（200学时） 新能源汽车空调故障诊断与排除（100学时） 新能源汽车高压系统检修（200学时） 新能源汽车高压系统故障诊断与排除（160学时） 新能源汽车驾驶辅助系统故障诊断与排除（160学时） 新能源汽车综合性能检测与评估（160学时） 新能源汽车维修现场指导与技术培训（80学时）

通过课程课时量的安排设置，可见与普通高校、高职院校不同的是，该校的培养特色是在某一个领域进行精细化培养。如高等学校的课程大多是48、64学时，最多80学时，而该校的每个课程的学时量都比较多，这样安排课程的优势也是显而易见的，可以避免学生在学习技能时浮于表面，而是能更深入地学习某一领域的技能。以新能源汽车底盘检修这门课程为例，五个层次的学生安排的都是200学时，这在很大程度上保障了学生可以在课堂中就能掌握新能源汽车底盘的检修方法，在课堂中就能对技能进行巩固和提高，并且相关的内容也更加精细化，减少了理论学习，专注于技能学习。在这种培养模式下，学生的技能水平可以得到保障，可以为盐城市的新能源汽车产业输送专业的检测、维修人员。

在实训设施方面，该校设有汽车发动机故障诊断系统、汽车整车维护、汽车电气、汽车空调系统、手自动变速器、四轮定位系统、电控发动机调试、汽车营销、汽车电子商务、整车综合故障诊断与排故、新能源汽车等一体化实训室36个，建立了20个稳定的校外实训基地。在校企合作方面，先后与东风悦达起亚、奇瑞捷豹路虎汽车、观致汽车、江苏森风集团、上海瑞宝汽车有限公司、苏州一番车道、佛吉亚汽车部件以及奔驰、宝马、大众、捷豹路虎、沃尔沃等省内大批知名企业、品牌汽车4S店建立了长期的合作关系，实现了高品质就业。

该校办学层次与普通高校、高职院校不同，且培养层次多样化，但由于学制不同，如中级技能层级（初中起点三年）学制的学生，三年内的学习任务涉及新能源汽车的常规检查、底盘、电器、空调等多方面内容，很容易导致涉猎多却不精的情形，如在结束三年学习后选择升学，还将面临中职和高职阶段学习内容重复的问题，导致教学资源的浪费。

3. 盐城机电高等职业技术学校

盐城机电高等职业技术学校创办于1957年，1984年改办职教，1988年改名为江苏省盐城第一职业高级中学、盐城市职业技术教育中心；1993年增挂盐城市中等专业学校校牌；2005年升格为盐城机电高等职业技术学校，同时增挂江苏联合职业技术学院盐城机电分院校牌；2022年9月，位于盐城经济技术开发区中韩产业园投资近15亿元、占地533亩的新校区正式启用。

该校于 2002 年开设中专汽车制造与维修专业，2006 年 9 月开设五年制高职汽车制造与装配技术专业，从 2021 年 9 月起更名为汽车制造与试验技术专业，于 2017 年开设新能源汽车检测与维修技术专业，于 2023 年开设汽车智能技术专业。该校与盐城新能源汽车产业相关的专业有汽车制造与试验技术（初中起点五年制大专）、新能源汽车检测与维修技术（初中起点五年制大专）、汽车智能技术（初中起点五年制大专）、新能源维修技术（初中起点三年制中专）、汽车制造与维修新能源维修技术（初中起点三年制中专）、光伏工程新能源维修技术（初中起点三年制中专）、安全管理新能源维修技术（初中起点三年制中专）等。

与江苏省盐城技师学院类似，盐城机电高等职业技术学校同样是以理实一体化或实训课程为主，且每门课程的学时量较多，可以在新能源汽车专业的某个领域精细化、深度学习，以满足具体领域的学习要求。

在实训条件方面，该学院汽车专业实训基地建筑面积为 9322 m^2，有相对独立的理论授课空间，基础性实训与生产性实训相对分开。实训场景与现代企业生产服务场景相接近，有机融合传统文化、企业文化，有专业技术发展历史、安全生产规程、环境保护知识等专业文化环境。实训基地现共有 15 个专业实验实训室和 1 个可进行数字化信息浏览的实物展示馆，其中数字化技能教室 2 个。专业核心技能实训的设备数量充足，有学业水平考试的设备及配套设施。基地不仅能满足基础性实训、生产性实习、学业水平考试、现代学徒制项目、中高职衔接试点项目的需要，还能满足技能教学研究、社会培训、技能鉴定、生产与技术服务和创业孵化项目的需要。

第七章　盐城新能源汽车产业人才发展困境及对策

第一节　人才发展问题

（一）人才质量

人才总量偏少，人才结构性短缺。汽车行业电动化、智能网联化给盐城汽车产业带来的直接影响是：传统燃油汽车人才过剩，新能源动力系统人才不足，尤其缺乏有经验的中高端人才。调研显示，盐城新能源汽车产业生产管理、技术研发岗位整体呈结构性紧缺状态，悦达起亚等车企内燃机动力系统、底盘系统人才相对饱和，但电池和电机动力系统及燃料电池动力系统相关的人才较为紧缺。悦达起亚根据公司战略转型发展需要，于2023年5月对内部业务及人员结构进行重新整合。传统燃油汽车人才面临转型难题，不仅需要知识更新、技能升级，更涉及知识技能复合提升后岗位的迁移。比亚迪弗迪等动力电池生产企业，则面临生产管理、设备维护等工程师人才短缺问题，需要集团内部由外地调岗，通过"传帮带"模式完成人才培养工作。江苏省新能源汽车研究院等企业研发人员，也多由外地社会招聘引入，盐城本地人才供给相对较少。

领军型、复合型人才不足。新能源汽车产业电动化、智能网联化对跨学科研发、技能人员的需求趋势越来越明显，岗位大多数呈现知识复合型特征，需要具有跨专业的知识、能力和视野，如燃料电池系统工程师既需要掌握机械类相关知识，又要了解电化学相关知识；BMS软件工程师既需要熟悉计算机类相关知识，又需要了解机械类、电气类、自动化类等相关知识；智能网联汽车更是涉及应用软件场景开发，底层操作系统、芯片等基础技术的研究、开发。而盐城现有新能源汽车及动力电池存量人才知识结构较为单一，研发、技能人才多为汽车、机械、化工等行业出身。在新能源汽车维修领域，电池检测及维护技工、充电桩故障维修技工等也都存在人才短缺的情况。特别是新能源汽车的维修人员，必须具备电子维修、机械维修、信息系统维护检修、高级辅助驾驶、自动驾驶系统检修等多种复合型能力。

（二）人员招聘

中高端人才吸引难度大。新能源汽车行业的相关企业主要人才需求为三电领域的中高端人才，尤其是电池制造工艺工程师、电池电芯及 BMS 研发工程师等。盐城新能源汽车及动力电池产业研发、技能中高端人才招聘难的原因，一是产业爆发式增长，人才补给完全满足产业的需求需要较长时间，产业发展导致人才知识结构的变化，无论是高校根据产业需求调整专业、新增课程和知识单元并培养出符合产业需求的毕业生，还是从能源、化工、电力、机械制造等其他行业大量吸纳、培训人才，逐渐形成各企业稳定的人才队伍，都需要较长周期。二是产业结构不完善，优质岗位数量较少，国新新能源、国润新能源等整车企业受限于产量规模，蜂巢动力、比亚迪弗迪等动力电池企业职能、研发部门在盐城设置较少，江苏新能源研究院等业务覆盖范围较窄，能提供吸纳人才的研发、技能岗位数量相对不足，人才发展空间受限，且企业知名度较低，导致中高端人才引留困难。三是苏北地域性原因，对人力资源引流缺少有效动力，无论专业人员、普通职工招聘均有困难，加之区域内人力资源市场垄断，导致企业招聘难、用人成本高。

低端技术工人流动性大。新能源汽车产业生产型企业面临的操作工人招聘难、流失率高、流动性大的问题，是劳动密集型企业发展的共性问题。捷威动力等动力电池在盐生产基地企业，常见年轻员工成群离职现象。分析其原因，一是随着社会发展人们的工作及生活观念的转变，现代年轻人对生活质量、品质的要求提高，而生产型企业休假整体性相对不足，企业所在工业园区地处偏僻，周边娱乐配套较少，使得年轻人不再愿意"进厂"，这一点在盐城新能源汽车相关企业 40 岁以下人员流失率最高方面也有所体现。二是薪酬原因，新能源汽车技能人员实习和就业的薪资待遇相对较低，平均薪酬低于房地产销售、快递员、送餐员等异业竞争岗位，加之工作时间不如上述岗位自由，异业竞争导致技能人员流动加剧，新能源汽车技能人员稳定性差，人员留存率相对较低，导致技能人员供给量少。三是技术工人的社会价值认可度普遍偏低，不利于激发技能人才长期稳定发展。技术工人的职业荣誉感较低，企业认可度低，这个问题需要在国家及社会层面上解决，鼓励企业重视技能人员发展，形成有利于技能人员不断进步的企业和社会氛围，保障技能人员供给持续稳定。

本土吸纳人才数量少。由于新能源汽车爆发式发展，人才争夺战此起彼伏，目前新能源企业招聘呈现严重人才供给不足局面，尤其体现在研发人员上。近几年造车新势力和互联网造车企业加入新能源汽车产业后，人才争夺战日趋加剧。从技术领域分析，燃料电池、动力电池、电机、电控中燃料电池相关岗位的紧缺度最高，电控相关岗位的紧缺度其次。按岗位族分析，尤其缺乏系统集成和软件/算法工程师，如电池系统集成工程师、电池性能开发工程师、BMS算法工程师、电机控制器算法工程师等多个岗位都属于紧缺岗位。

（三）人才培养

增量人才培养面临改革。从新能源汽车产业人才的知识结构看，可分为通用知识和专业方向知识。通用知识包括自然科学和通识教育、基础热科学、工程基础、编程和算法、工程实践和汽车专业知识等；专业方向知识分为控制类、计算机类、材料类、电气类、电子类知识。知识复合型人才培养，对普通类高等院校的专业设置和学科交叉提出了更高要求。目前高校复合型人才培养机制不足，专业核心课程设置与人才知识结构需求偏离，毕业生工程实践能力不足，高校知识更新迭代弱。企业反映校招人才需要自主培养，尤其是个别岗位院校对口专业人才较少，需要从相关专业招聘后再进行较长周期的二次培养。

高校人才培养相对滞后。盐城高校在新能源汽车专业人才培养方面，主要存在以下几个问题：一是专业及课程设置未能与时俱进，无法适应产业发展带来的知识结构变化。新能源汽车、动力电池、智能网联等行业最新技术趋势在专业理论课程中虽有所反映，但课程初设，整体数量及课时较少，新能源汽车、智能网联汽车相关专业课程中传统汽车课程比重较高，且工程实践类课程仍以机械类实训为主，如互换性测量、金工实习等，这些实践课程固然可以锻炼学生的多种技能，但是与新能源汽车产业发展的需求相比，显得过于陈旧，学生被训练的"能力"已经略显过时。二是目前高校课程设置总学时限制和课程知识体系不断增加之间存在矛盾。新能源汽车产业多领域融合的特点要求人才复合型发展，由此对传统车辆工程课程体系进行重构，既要求保留机械类、汽车类课程，又要求增加电化学、电路电子、软件和算法等课程，课时量急剧增加，如何根据产业要求合理进行课程选择和安排，是高校面临并需要解决的一个问题。三是高校大多受师资、经费、教具等各种教学条件制约，无法有效开展工程实践能力的培养，新能源汽车及智能网联的实训设备所需投入甚大，教学经费投入不足，导致教学实训设施陈旧，落后于产业发展要求。四是校企合作不充分，缺乏有效机制加强企业与高校之间的合作交流，企业在高校的课程设置、教材编写、师资培养、联合育人等各个环节参与度较低，高校对企业人才需求认知也相对落后，高职类学生在顶岗实习之前也少有机会了解企业情况及技能要求。人才需求端和供给端缺乏密切配合，导致人才供给无法良性循环。

第二节 人才发展建议

通过上述对盐城新能源汽车产业人才发展现状的全面梳理，可见该产业在快速发展的同时也面临着人才短板制约进一步发展的现实困境。这些发展困境既源于产业发展本身内在需求的变化，也受到区域环境及发展基础等外部因素的影响。面对新常态下产业转型升级与人才供给之间的错位问题，需从完善用工生态、推动人才培养、加强课程建设等方面着力，以创新思维和务实举措重构人才体系，实现产业发展与人才供给的有机衔接，只有这样才能为盐城新能源汽车产业高质量发展提供坚实的人才保障。

（一）加强顶层协调

加强顶层设计与统筹协调，建设新能源汽车产业人才中心和创新高地。贯彻落实国家区域重大发展战略、区域协调发展战略，强化新能源汽车产业人才顶层设计和战略谋划。依托盐城新能源汽车产业园，建设吸引和集聚新能源汽车产业人才的平台。联合企业、高校、科研院所，依托新能源汽车领域重大项目、重点工程、重大平台，发挥领军型企业、科研机构的作用，集聚新能源汽车产业高端人才、顶尖人才和创新团队，聚焦关键战略新技术，组织开展产学研协同攻关，突破一批制约新能源汽车产业创新发展的瓶颈技术和尖端技术，加快形成新能源汽车产业人才的战略支点和雁阵格局。加强新能源汽车产业人才供需的精准预测，做好新能源汽车及动力电池高端和领军人才的招引工作。

实现多方合力，助推传统车企人才转型。政府部门应根据国家战略需要，加强汽车人才的顶层设计；出台相关政策，鼓励企业参与人才培养。行业组织应梳理人才岗位族分布与知识技能需求，研究建立关键岗位的任职资格标准，为存量人才转型提供参考依据；加强协同，整合行业优势资源，建立针对存量人才转型的公共性的跨类培训平台。企业应发挥人才培养的主体作用，整合培训资源，积极做好企业在职员工继续教育、培训与转岗工作；加强对人才职业发展的引导，增强内驱力，促进人才自我蜕变。人才自身也要以转型为要务，认清自身的专长和短板，加强职业危机感的风险意识；充分利用政府、院校、行业和企业提供的各种平台，努力补齐新型动力系统所需的知识与技能，积极主动地投身于以碳中和能源为核心的新动力时代。

（二）完善用工生态

完善产业人才发展生态，提高对产业人才的吸引力。鼓励推动"人才+产业"协同发展，明确人才服务产业、产业孕育人才的定位，围绕产业链强化人才链建设，完善新能源汽车产业人才相关配套政策措施，健全新能源汽车产业人才培养体系，促进人才链、创新链、产业链有机融合。鼓励依托新能源汽车产业园区或基地，完善产业生态，优化人才优惠政策，增强对新能源汽车产业人才的吸引力。针对盐城地区新能源汽车产业人才招引难、人才流失等问题，构建灵活开放的人才招引和管理机制，制定柔性引才政策，以兼职挂职、"周末工程师"等方式促进产业人才流动。鼓励根据新能源汽车产业发展定位和重点，依托行业协会等第三方机构建立新能源汽车产业人才数据库，及时发布产业人才需求，为政府、企业、高校和求职者等提供决策参考。提供充足的学术交流平台和托举环境，促进行业内部交流，完善新能源汽车产业平台共建、资源共享、信息互通、服务互联机制，倡导企业建立长期稳定的用人机制和人才梯队建设，避免行业"内卷式"的人才争夺战，企业和行业共同为人才打造全方位的良好生态。

引导岗位增设，增加人才岗位。人才引留需以产业实力壮大、层次提升为依托，"栽下梧桐树，引得凤凰来"；产业发展需以人才发挥才智、实现价值为动力，"凤凰引百鸟，海城圆红日"。岗与人相互依生，岗得所需，人尽其才，地方产业和人才方可共同发展。盐城需抓住新能源汽车产业发展带来的人才结构体系变革机遇，依托整车企业及动力电池企业规模发展基础，鼓励并引导企业在盐城增设职能、研发等中高层次部门，不断提升新能源汽车及动力电池等产业及相关产业链条的技术含量及人才承载能力，支持鼓励优秀人才带团队来盐城孵化科研项目，进一步拓展人才工作领域。

完善用人制度，稳定人才队伍。在企业层面，完善技能人员薪酬体系和分配机制，提高技能人员待遇，增强技能人员队伍的安全感，降低流动性，搭建稳定的技能人员成长梯队。合理设置多元化薪酬考核制度，增加诸如培训学习、团队建设等非经济性薪酬激励因素，制定本企业高技能人才标准，配套高技能人才职业发展规划，建立更为稳固的人才培养基地和高素质技能人员的纳募制度。

改善工作环境，提升人才幸福感。在财政政策层面，将新能源及智能网联汽车领域高端人才团队和青年人才引入纳入盐城名校优生及黄海明珠计划，给予项目资助、生活补助、购房补贴等支持。在就业环境层面，为人才提供精准化、定制化服务，实现拴心留人的目标，注重工业园区生态休闲公园、综合商业服务中心、高级人才公寓、公共体育场所等公共服务配套设施建设，完善相关人才住房、医疗健康、娱乐休闲、子女入学等生活保障，加强生活质量提升服务，为工业园区企业职工打造一个便利、舒适、优美的人居环境，解决人才后顾之忧，增强人才区域归属感。在企业行业层面，设定具有成长空间的职位，明确职责分工，充分授权，开展必要的培训，提供满意的工作环境。

（三）推动人才培养

激发各级各类主体积极性，建立多层次多结构人才培养体系。健全平台、院校、科研机构、企业等共同参与的多元化新能源汽车产业人才培养体系，建成覆盖基础教育、职业教育、高等教育的多层次新能源汽车人才培养体系，完善从设计研发、生产制造到管理运营的多类型新能源汽车产业人才培养体系。

适应新能源汽车产业创新发展需要，借鉴国内外学科改革的创新经验，支持高校动态调整和优化汽车学科专业，调整汽车专业规模与布局，优化学术型和应用型人才结构，推动汽车学科与信息电子等学科的融合发展，培养多领域交叉融合的复合型人才、基础研究人才和创新人才。支持职业院校以新能源汽车企业需求为导向完善新能源汽车技能型人才培养体系，开展新能源汽车人才"订单式"培养。鼓励和支持企业骨干、高校教师、科研院所研究人员开展多向任职交流，建立联合实验室，培养满足新能源汽车产业需求的紧缺型、复合型人才。实行校内导师和企业导师的"双导师制"和"项目小组制"。鼓励新能源汽车专业学生参加跨学科跨专业的协同创新训练与生产实践。

加强学科整合，实现复合转型。明确新时期新能源汽车多学科交叉融合的新定位，并由此重新构建交叉融合型的课程体系和人才培养方案，按照"新四化"的行业需求将计算机、电子信息、自动化、电气工程、化工等相关学科知识以车辆为轴心去冗重组。整合专业方向，重新规划培养方案，将传统燃油动力、电池动力、氢能源动力等多种动力系统人才作为整体放在同一平台培养，涵盖传统动力和新能源动力；调整相关专业招生比例和培养方向，适当超前增设或强化面向碳中和能源的专业和课程设置。如北京理工大学自2020年开始，对专业基础课进行改革，将新能源汽车相关知识放入汽车工艺、汽车理论、汽车构造等基础课中，在汽车构造课程中增加电池构造模块，在汽车理论课程中增加电控知识，在制造工艺课程中增加动力模块加工工艺内容，由此从单纯的面向机械转而向复合型方向发展。

深化三教改革，提升教学效果。根据盐城汽车产业结构、主要行业分布、职业岗位分布、能力需求细节等基本情况，结合院校自身专业基础与优势，确定新建新能源汽车专业或专业方向，实现课程内容与职业标准对接、教学过程与生产过程对接。建立由行业企业专家、同类院校骨干教师等组成的教材建设工作小组，充分吸纳行业企业在汽车新知识、新技能方面的观点和意见，保障教材内容更新与产业技术升级同步。

建设实践基地，改善实训条件。一是加强校内实训室建设，以新能源汽车专业知识为基础，配套电工电子实训室、新能源汽车电气构造与检修实训室、新能源汽车动力蓄电池及管理系统实训室、新能源充电系统实训室以及虚拟仿真中心等进行理实一体化教学。二是鼓励学校联合新能源汽车企业打造以接收学生社会实践、认识实习和岗位实习为主的实训基地，建立新能源汽车产学研协同实习基地，建设新能源汽车产业学院，开展专业教学和职业技能训练，将学校的教学与生产实践、工业现场应用相结合，以更快速度从理论转化为实践，增强学生的实践能力、提升真实的技术应用水平。通过校企精准协同，提高复合型应用型人才培养质量。

专　题　篇

　　本篇以专题的形式，从新能源汽车产业链技术及价值链、招商引资、消费关注点、充电设施建设等多个侧面，对盐城新能源汽车产业的发展、推广进行专业深度探讨。通过技术及价值链分析，揭示新能源汽车技术发展及投资走向；针对盐城新能源汽车产业招商引资中遇到的问题，提出以大带小、新旧共融、内外兼修的策略，推动项目建设；深入挖掘新能源汽车消费关注点，以科学有效的营销策略满足消费者需求；考察充电设施建设情况，为新能源汽车基础设施建设提供依据，启示未来发展方向。

第八章 新能源汽车产业技术及价值链分析

第一节 新能源汽车产业链技术

(一) 新能源汽车产业技术及趋势

1. 新能源汽车技术

新能源汽车是指采用非常规的车用燃料作为动力来源（或使用常规的车用燃料、采用新型车载动力装置），综合车辆的动力控制和驱动方面的先进技术，形成的技术原理先进，具有新技术、新结构的汽车。按照车辆驱动原理和技术现状可将新能源汽车划分为油电混合动力汽车（Hybrid Electric Vehicle，HEV）、插电式混合动力电动汽车（Plug-in Hybrid Electric Vehicle，PHEV）、增程式混合电动汽车（Extended Range Hybrid Electric Vehicle，EREV）、纯电动汽车（ElectricVehicle，EV）等类型。其优缺点如表 8.1.1 所示，动力示意图如图 8.1.1 所示。

表 8.1.1 新能源汽车车型优缺点比较

类型	描述	优点	缺点
油电混合动力汽车（HEV）	不可充电；主要动力源为发动机，辅以小容量的动力电池和电机进行能量回收及低速驱动	油耗比燃油车低，不改变用车习惯	售价较燃油车偏高，无补贴
插电式混合动力电动汽车（PHEV）	可充电，电池组容量比较大，动力构造与油电混动的类似	结合油电优势，享受补贴	慢充补电时间长，燃油经济性一般
增程式混合电动汽车（EREV）	可充电；发动机作为增程器，并不直接驱动车轮，而是将动力传递给电池，最终仅由电动机来驱动	结构简单，易于维修保养；无续航焦虑；享受补贴	发动机增程时有功率浪费，长途行驶油耗高

（续表）

类型	描述	优点	缺点
纯电动汽车（EV）	可充电，无发动机，完全由可充电电池提供动力源	出行成本低，驾驶体验好，智能化程度高，享受补贴	需要依赖于充电桩，不适合长距离行驶，有续航焦虑

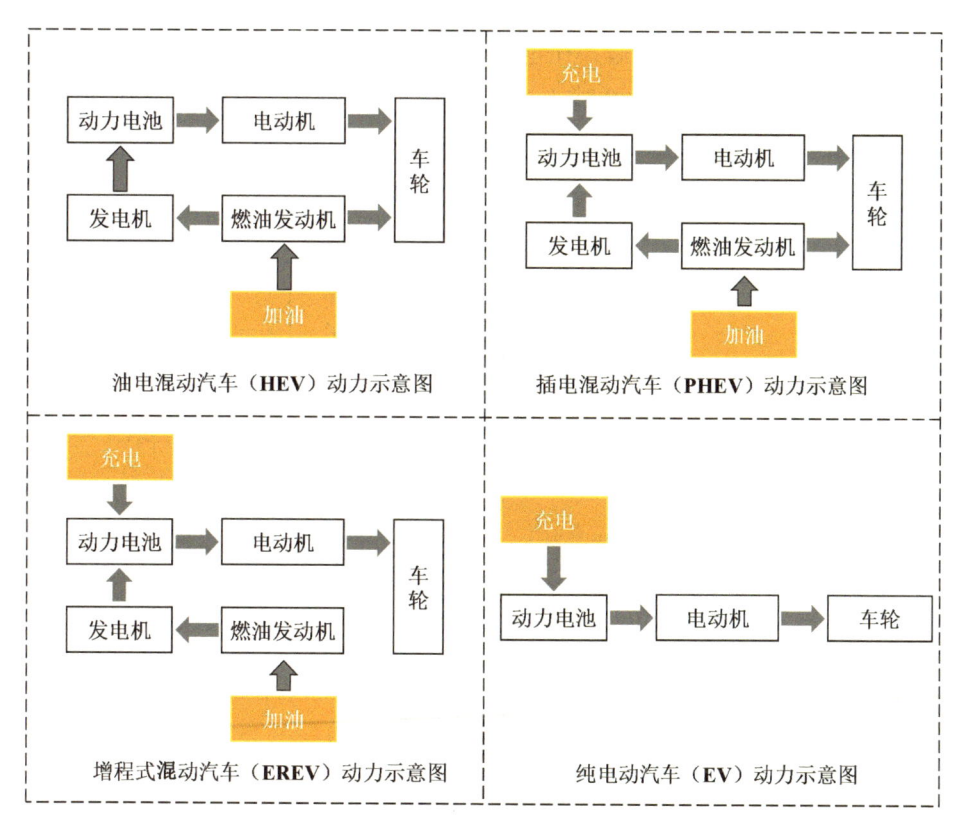

图 8.1.1　各类型新能源汽车动力示意图

2. 动力电池技术

（1）技术介绍

动力电池是新能源汽车中的能量存储装置，在工作时将化学反应所释放的能量直接转变成直流电能。主要功能是在电机驱动车辆行驶时为电机提供电能，并在车辆减速制动时将电机回收的能量存储起来，起到能量回收的作用。动力电池属于新能源汽车关键零部件之一，对整车性能起到至关重要的作用。

动力电池电芯主要由正极、负极、隔膜和电解液组成。带电离子通过电解液、穿透隔膜，在正极和负极之间来回迁移实现电池的充电和放电。多个电芯以串并联的形式组成电池模组，多个模组由结构件固定、高低压线束连接，组成动力电池系统。

按电池所用正、负极材料可将电池分为铅酸电池、镍氢电池、锌锰电池、锂离子电池等。其中，由于锂离子电池具有比能量高、循环寿命长、自放电小、无记忆效应等诸多优点，在电动汽车动力电池上得到了广泛的应用。锂电池根据材料种类不同，分为钴酸锂离子电池、锰酸锂离子电池、磷酸铁锂离子电池和三元（镍钴锰）锂离子电池等，如图8.1.2所示。

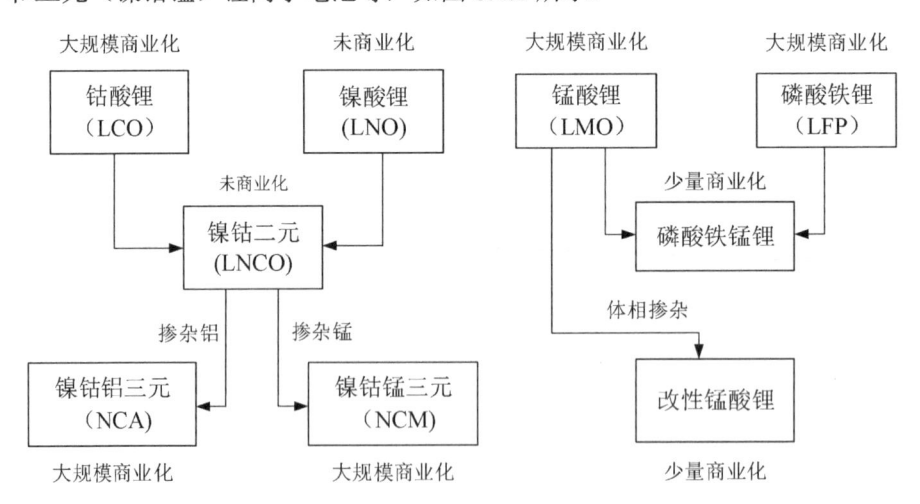

图 8.1.2 锂电池正极材料类型

目前市场主流的动力电池可以分为三元锂电池和磷酸铁锂电池。磷酸铁锂电池由于整体成本低、安全性好、寿命长得到广泛应用，尤其是在纯电动客车中成为绝对主流，在其他新能源汽车中也占有一定份额。三元锂电池由于能量密度高、充电速度也优于磷酸铁锂电池，是乘用车和专用车的首选。两者性能比较如表8.1.2所示。

表 8.1.2　磷酸铁锂和三元锂电池主要类型和性能比较

动力电池类型	磷酸铁锂（LFP）	磷酸锰铁锂（LMFP）	镍钴锰三元锂（NCM）	镍钴铝三元锂（NCA）
正极结构	橄榄石		层状	
正极材料分子式	LiFePO$_4$	LiMn$_x$Fe1-xPO$_4$	LiNi$_x$Co$_y$Mn$_2$O$_2$	LiNi$_x$Co$_y$Al$_2$O$_2$
正极材料资源	磷铁资源丰富		钴资源匮乏	
正极合成工艺	较难	较难	较难	难
负极材料	人造石墨/天然石墨		人造石墨/天然石墨	
隔膜	干法隔膜		湿法隔膜	
电解液	溶质（六氟磷酸锂 LiPF$_6$）+溶剂+添加剂		溶质（六氟磷酸锂 LiPF$_6$）+溶剂+添加剂	
理论比容量	170 mAh/g		275 mAh/g	
实际比容量	130～150 mAh/g		150～200 mAh/g	
电压等级	3.2 V	4.1 V	3.7 V	
循环寿命（次）	2000+	1000～2000	1500～2000	1400～1800
充电速度	较慢	较慢	快	快
安全性能（热稳定性）	优	优	良	一般
耐低温性	较差	差	良	良
倍率性能	一般	较优	优	优
环保性	无污染		镍、钴有污染	
综合成本	低	较低	高	高

　　负极材料可以基本分为碳基材料和非碳基材料两大类，如图 8.1.3 所示。碳基材料主要为天然石墨、人造石墨、复合石墨、中间相碳微球以及无序的硬碳和软碳等。非碳基材料则主要分为硅基材料、钛酸锂负极材料以及金属锂负极材料。

　　电解液主要分为溶质（锂盐）、溶剂、添加剂三部分。优质的溶质对于锂电池的能量密度、功率密度、循环寿命、安全性能等方面都有着较大的影响。溶剂在电解液中的作用主要是溶解锂盐。添加剂的种类众多，不同的添加剂有着不同的作用，具体有成膜添加剂、高压电添加剂等。如图 8.1.3 所示。

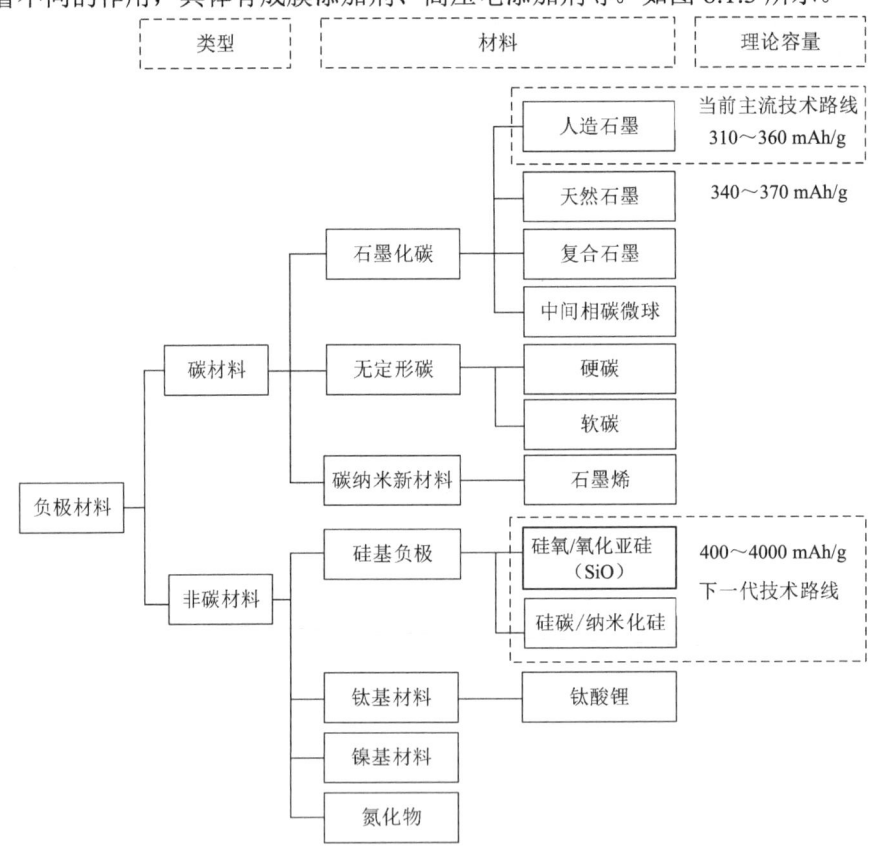

图 8.1.3　锂电池负极材料种类

隔膜是一层多孔的薄膜，用来隔离正负极以防止在发生电离反应时正负极反应造成短路，但不影响锂离子通过薄膜，其性能、质量的好坏直接决定电池充放电效率、循环使用寿命、电池容量以及安全性能。根据制造工艺的不同，隔膜可分为湿法隔膜和干法隔膜。当前市场对动力电池品质需求较高，随着湿法隔膜和干法隔膜价差的不断缩小，三元锂电池几乎全部使用湿法隔膜，部分一线电池企业为了提升磷酸铁锂电池性能，在其磷酸铁锂电池上亦使用湿法隔膜。如表 8.1.3 所示，从综合性能来看，湿法隔膜综合性能优于干法隔膜，其在一致性、拉升强度、抗穿刺等方面均有不小的优势。

表 8.1.3 隔膜性能指标对比

指标	湿法隔膜	干法隔膜
主要原料	聚乙烯（PE）	聚丙烯（PP）
拉伸强度/（kg/cm^2）	1500	150
抗穿刺/gf	600	250
厚度/μm	5～30	12～30
厚度一致性	较好	较差
孔隙一致性	较好	较差
热稳定性	较差	较好
生产工艺	难度较高	难度较低
应用领域	高端动力电池、3C 电池	中低端动力电池、3C 电池、储能电池等
成本	较高	较低
制备方法	化学	物理

（2）技术趋势

随着动力电池行业成熟度不断提升，动力锂电池的技术革新已由政策驱动过渡为市场驱动，供应端企业积极布局各项技术推动锂电池中期到远期的发展。

从锂电池中期发展来看，主要通过现有材料体系的迭代升级和结构革新推动能量密度提升，实现增效降本。在材料迭代方面，正负极材料是决定动力电池能量密度的核心因素。中短期内正极材料仍将维持磷酸铁锂和三元材料并行的格局，并在当前化学体系的基础上进行技术迭代。高镍三元在半固态向全固态发展的过程中仍有适配价值，前景广阔。结构革新是另一条重要的技术发展路径，基于已实现成熟应用的锂电池材料体系，在电芯、模组、封装方式等方面进行结构上的改进和精简，以提升电池的系统性能，如比亚迪刀片电池、宁德时代 CTP 技术。

从锂电池长期发展来看，不断降低电解液含量向固态电池发展是行业内较明确的趋势，但全固态电池仍面临相对大的技术挑战。固态电池相较于传统液态电池在能量密度和安全性方面的优势明显,但全固态电池界面阻抗等关键技术攻克难度较大,实现技术落地仍比较遥远,从现实角度综合考虑技术困难和成本问题,将电解液含量降到极低的固液混合电池可能是更符合商业实际的解决方案。

从锂电池远期发展将受锂资源短缺制约来看,钠离子电池已逐渐成为重要的备选路线,实现商业化后将与锂电池形成互补的格局。钠离子电池在资源丰富度和成本上具备显著优势,但因其化学体系在能量密度上的局限,在乘用车动力电池领域目前难以撼动锂电池的地位,可在低能量密度要求或中低端场景替代锂电池,未来可率先在储能、低速车等场景实现规模化的商业应用。

当前一些龙头企业已开始在无钴电池、固态电池、钠离子电池等新型动力电池上展开技术研究或商业化应用,如表 8.1.4 所示。

表 8.1.4 新型动力电池发展现状

技术	当前发展阶段	优势	劣势	典型企业
无钴电池	蜂巢能源的无钴电池已实现量产配套,初步进入商业化阶段	电池无钴材料性能可以达到 NCM811 同等水平,电池材料成本会下降 5%～15%;无钴化技术的关键在于电芯,通过掺杂未成对的电子自旋的特定元素,减弱电子超交换,减缓晶体在充放电过程的体积变化,最终提高循环寿命和安全性	与三元锂电池相比,能量密度低,低温性能不好	蜂巢能源
掺硅补锂电池	搭载掺硅补锂电池的新能源汽车已开始销售	总容量和能量密度高、衰减程度低	硅负极膨胀率高、产量低、成本高	宁德时代
固态电池	全固态电池目前处于研发状态,固态电解质材料的锂离子电导率偏低、金属锂反复充放电的循环性问题有待解决,量产和商业化还面临着诸多难题	全固态锂电池当前能量密度约 400 Wh/kg,而预估最大潜力值高达 900 Wh/kg,且具有不可燃、无腐蚀、不挥发的特点,总体上固态电池具有高安全性能、高能量密度优势	成本竞争力不强、电解质材料密度影响能量密度	宁德时代、比亚迪

（续表）

技术	当前发展阶段	优势	劣势	典型企业
钠离子电池	宁德时代发布了第一代钠离子电池	具备高倍率充电、优异的热稳定性、良好的低温性能与高集成效率等优势	能量密度比三元锂离子差，产品性能相对不高	宁德时代、中科海钠

3. 驱动电机技术

（1）技术介绍

新能源汽车电机驱动系统主要包括驱动电机总成、控制器总成和传动总成三部分，如图 8.1.4 所示。其中，驱动电机是一种将电能与机械能相互转换的机电装置，它的主要任务是：在驾驶操纵控制下，将动力电池组的电能转化为车轮的动能驱动车辆，并在车辆制动时把车辆的动能再生反馈到动力电池中以实现车辆的再生制动。电机内部结构主要由定子、转子、壳体、轴承等组成。

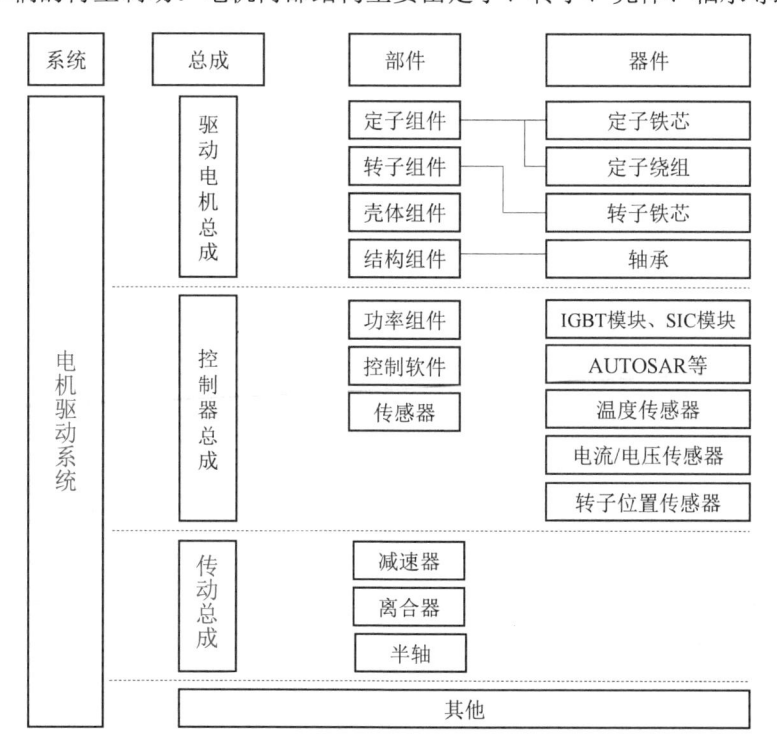

图 8.1.4　电机驱动系统组成

目前新能源汽车驱动电机可以分为直流电机、交流异步电机、永磁同步电机和开关磁阻电机，各类型电机性能对比如表8.1.5所示。直流电机设有电刷和换向器，高速和大负荷运行时换向器表面易产生电火花，从而易产生电磁干扰，目前已逐渐被淘汰。交流异步电机结构紧凑、坚固耐用，且体积小、质量轻、价格较低，逆变器即便损坏而短路时也不会产生反电动势，从而规避了急刹车情况的出现。因此，交流异步电机广泛应用于大型高速的电动汽车中。永磁同步电机功率因数大、效率高、功率密度大，且其采用电子功率器件作为换向装置，驱动灵活、可控性较强。开关磁阻电机是最新一代无级调速系统，集合微电子技术、数字技术、电力电子技术、红外光电技术及现代电磁理论、设计和制作技术为一体，具有调速系统兼具直流、交流两类调速系统的优点。但由于开关磁阻电动机为双凸极结构，存在转矩波动，因此噪声较大，且结构较为复杂，目前电动汽车应用较少。

表8.1.5　各类型电机性能对比

	直流电机	交流异步电机	永磁同步电机	开关磁阻电机
市场占比	3%	12%	84%	1%
功率密度	低	中	高	较高
功率因数	—	82%～85%	90%～93%	60%～65%
峰值效率	85%～89%	90%～95%	95%～97%	80%～90%
负荷效率	80%～87%	90%～92%	85%～97%	78%～86%
过载能力	200%	300%～500%	300%	300%～500%
转速范围（r/min）	4000～6000	12000～15000	4000～15000	>15000
过载系数	2	3～5	3	3～5
可靠性	中	较高	高	较高
结构坚固性	低	高	较高	高
体积	大	中	小	小
重量	高	中	轻	轻
调速控制性能	很好	中	好	好
电机成本	低	中	高	中
控制器成本	低	高	高	中

（2）技术趋势

随着新能源汽车行业的迅猛发展，对驱动电机的各项性能要求也日益提高。为了满足峰值功率、运行效率、响应速度和振动噪声等方面的更高要求，驱动电机不断向着油冷化、扁线化、多合一集成化的方向迈进。这些变革不仅有助于提高电机的性能，还能更好地适应行业发展的需要。

驱动电机油冷散热。油冷可以直接触碰到驱动电机的内部，因此被视作散热系统的首选。驱动电机的冷却系统主要有两种类型：风冷和液冷。风冷是利用空气作为冷却介质，通过空气的自然对流达到散热效果，它的构造简单、成本低，维护起来也很方便，但冷却效果一般，通常用于小功率级别的电动车。液冷又可以分为水冷和油冷，水冷虽然成本低且无污染，但由于电机内部的绝缘需求，水冷只能在电机壳外壁的水套内进行散热；而油冷因为其良好的绝缘性，可以直接在电机内部进行散热，效果更佳，因此成为驱动电机散热的首选。

驱动电机扁线化。传统的圆铜线驱动电机由于对精度要求较低，小批量生产时可以采用人工操作，因此在经济性上具有一定优势。然而，随着新能源汽车的兴起，在高功率需求和规模效应的推动下，电机正朝着高功率、高转速方向发展，对工作效率的要求也越来越高。在这种情况下，扁线电机脱颖而出，逐步成为行业主流。据统计，2021年扁线电机的渗透率已达到27%，预计随着电机行业规模效应的进一步提升，扁线电机将持续快速渗透。扁线电机与圆线电机的最大区别在于它们的横截面不同。圆线电磁线绕组组成的槽满率较低，而扁线电磁线绕组组成的槽缝隙较小，槽满率较高。在相同空间内，扁线电机可以多填充20%~30%的导线，从而提高约20%的槽满率，进而使整机的最高效率提高约2%。同时，使用扁线电机还可以扩大高功率区间，为电池续航带来更加友好的效果。

驱动电机多合一集成化。电驱系统的发展趋势可谓一路高歌猛进，其优势明显，符合当前绿色环保、高效节能的全球发展大势。电驱系统的集成化，不仅实现了轻量化，降低了制造成本，更是提高了工作效率和能源利用效率，几乎成为新能源汽车的标配。集成后的电驱系统相比原来的分散式设计，体积明显缩小，车厢内腾出了更多空间，为乘客提供了更宽敞舒适的乘车环境，且有利于车企进行模块化设计，进一步提高了生产效率、降低了成本。

4. 电控技术

（1）技术介绍

电控系统是电动汽车三大核心零部件之一，广义上的电控包括整车控制器（Vehicle Control Unit，VCU）、电机控制器（Motor Control Unit，MCU）、电池管理系统（Battery Management System，BMS）以及其他电子控制单元。

电动汽车整车控制器是电动汽车（混合动力汽车、纯电动汽车）动力系统的总成控制器，负责协调发动机、驱动电机、变速箱、动力电池等各部件的工作，具有提高车辆的动力性能、安全性能和经济性等作用，具有数据交互管理、安全故障管理、驾驶员意图解析、能量管理等功能，在传统汽车上需求很小。整车控制器的开发包括软、硬件设计。核心软件一般由整车厂研发，硬件和底层驱动软件可选择由汽车零部件厂商提供。

电池管理系统的主要功能是监测和管理动力电池，防止电池过充过放，延长电池使用寿命。具体功能包括电池关键物理参数检测、状态估计、故障诊断与预警、均衡管理、热管理、数据通信等。BMS的硬件架构分为集中式和分布式，集中式架构适用于低成本、少串数的动力电池系统，如低速车、HEV等；分布式架构适用于成本高、多串数的动力电池系统，如纯电动汽车。

电机控制器基于功率半导体的硬件及软件设计，其功能是对驱动电机的工作状态进行实时控制，主要由逆变器、驱动器、电源模块、控制器、保护模块、散热系统信号检测模块等组件组成，其中逆变器和电机控制器的核心部件，主要由IGBT（绝缘栅双极型晶体管）功率模块组成，可以实现直流电与交流电转变的逆变功能。

其他电子控制单元主要包括车载充电机（OBC）、车载DC/DC变换器、高压配电盒（PDU），这三者又称为"小三电"。其中，OBC是交流充电的必需部件，可将充电桩供给的交流电转换为直流电给动力电池充电。车载DC/DC变换器可将动力电池输出的高压电转换成各用电器所需要的低压电。PDU是分配电池输出的直流电和监控过流过压的高压电源分配单元。

（2）技术趋势

自主研发。随着中国新能源汽车产业的发展，国内整车厂商及汽车电子供应商逐渐开始掌握电控核心技术，一部分主机厂已经能够实现自主供应。如比亚迪的 VCU、BMS 已实现完全自主供应，吉利汽车 VCU 自产率已达 60%，未来主机厂的自主研发比率将进一步提高。

高度集成化。为了迎合汽车电动化、智能化、轻量化的发展趋势，新能源汽车电控系统未来将向着高度集成化的方向发展，主机厂、零部件供应商纷纷推出了"多合一"电驱系统。如比亚迪旗下弗迪动力推出"八合一"电动力总成，深度融合驱动电机、电机控制器、减速器、车载充电器、直流变换器、配电箱、整车控制器、电池管理器等八大部件，综合性能有显著提升，体积减小 16%，质量降低 10%，功率密度提升 20%，综合效率达到 89%。与此同时，电控系统电子电气架构越来越走向域控制、中央控制。中央计算平台+区域控制器的准中央架构是车企下一步的发力方向，最后向着中央计算架构演进，将功能逻辑集中到一个中央控制器。

高电压。高电压是指提高新能源汽车的电压平台，从以往的 400 V 提高至 800 V，可提高充电效率、降低损耗、实现轻量化。如保时捷推出的 800 V 系统全电动跑车 Taycan，采用 270 kW 功率的快充，充电 5%到 80%仅需 23 分钟。

（二）新能源汽车产业链

新能源汽车产业链分为上游关键原材料及核心零部件、中游整车制造、下游充电服务及后市场服务。上游主要是为中游的整车制造提供原材料及零部件，原材料包括锂、钴等矿产资源；正极材料、负极材料、电解液、隔膜等共同构成电芯及 PACK；动力电池、驱动电机、电控三大系统是构成整车的核心部件。中游是新能源汽车的整车制造，按照新能源汽车的功能细分为乘用车、商务车以及专用车。下游为充电服务和后市场服务两大部分，充电服务包括充电设备、换电设备及电池回收，后市场服务包括汽车金融、汽车保险、汽车租赁、二手车交易、汽车维修养护及汽车拆解回收。如图 8.1.5 所示。

动力电池的上游提供金属锂、石墨等原材料；中游生产电池部件正极、负极、电解液和隔膜组成电芯；中游将电芯封装成为电池模组，通过线束、连接器实现多级电池模组互联，最后结合 BMS 电源管理系统成为动力电池。

新能源汽车电机上游主要提供制造电机所需的原材料，如稀土永磁材料、绕组铜线、硅钢等。这些原材料经过加工和制备，形成电机的核心零部件，如

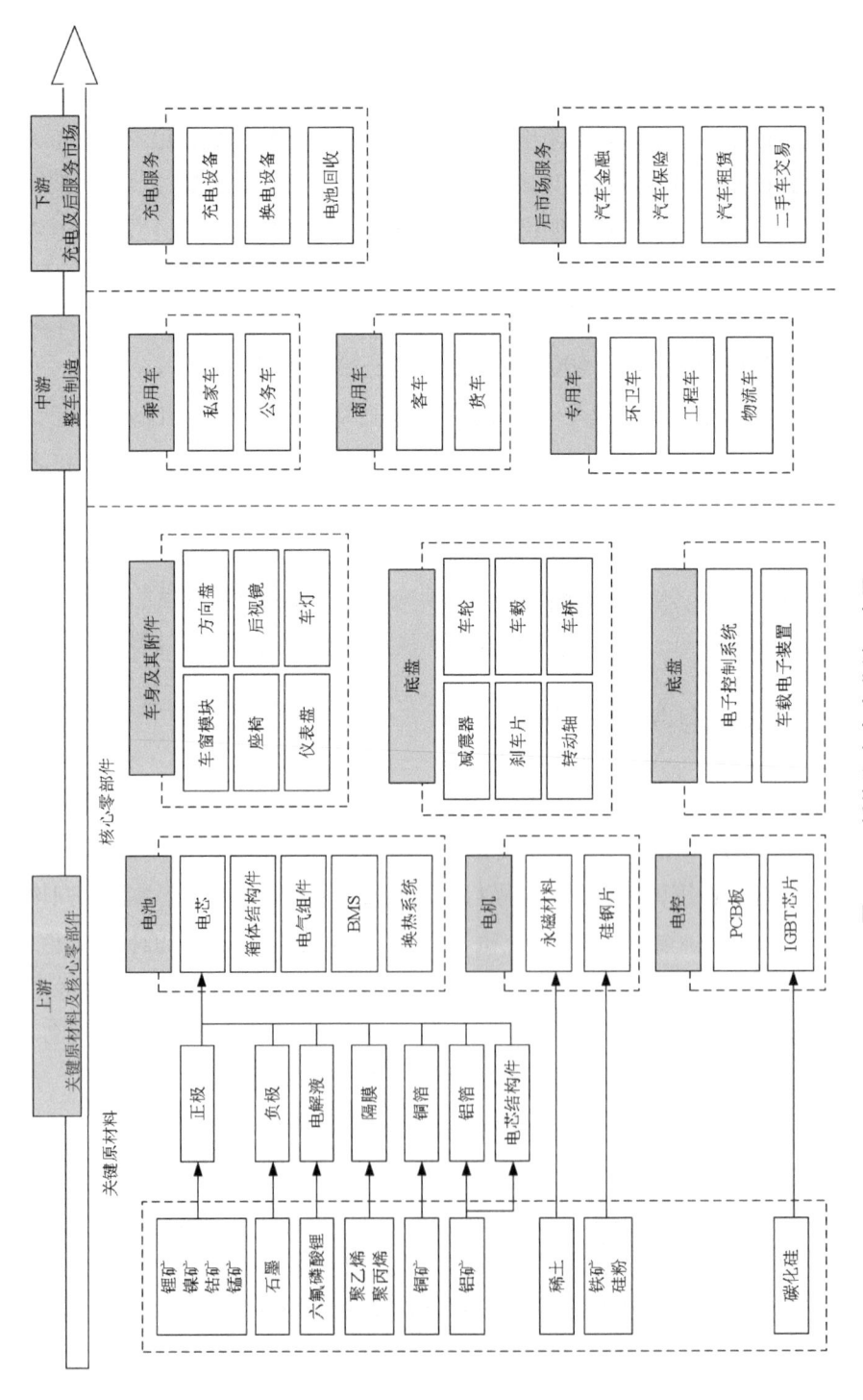

图 8.1.5 新能源汽车产业链示意图

定子、转子、电机轴、轴承及轴承盖等。中游电机制造商主要负责电机的设计和制造。

整车控制器、电池管理系统和电机控制器主要由硬件电路、底层软件和应用层软件构成。三者的产业链类似,主要由上游电子元器件供应商、中游新能源汽车电控系统集成商及下游新能源汽车主机厂组成。不同于低压部件的整车控制器和电池管理系统,新能源汽车电机控制器属于高压部件,硬件部分由低压控制电路和高压驱动电路组成,关键零部件是IGBT(绝缘栅双极型晶体管)。

第二节　新能源汽车产业价值链

(一)新能源汽车产业各环节成本

1. 新能源汽车成本

新能源汽车的生产成本主要来自三个主要部分:动力电池、电控系统和电机。其中,动力电池无疑是最昂贵的部分,它是新能源汽车的心脏,占据了整个生产成本的大部分。因此,电池价格对新能源汽车的成本有着直接的影响。2022年,电池价格飙升,这使得新能源汽车的生产成本也随之上升。目前,动力电池的成本占到新能源汽车成本的40%~50%。除了电池,新能源汽车的成本还涉及电机、电力电子设备、控制器、车辆结构、制造工艺等多个方面,如图8.2.1所示。同时,研发成本也是不可忽视的因素。

图8.2.1　新能源汽车成本

2. 动力电池成本

2021—2022 年大部分厂商的电池成本即将与汽油动力总成齐平，达到 100 美元/千瓦时；2022 年电动车与传统汽车的总成本差距仅为 1900 美元。预计到 2024 年成本差将不复存在；低成本的中国电动车供应链正走向全球，有望获益于欧洲电动车的迅猛增长。从成本上来看，动力电池由电池模组、热管理系统、电池管理系统、高低压线束、壳体等部件组成，占整车成本比例最大，占比约为 40%，如图 8.2.2 所示。其中，电池模组由若干电芯单体通过串并联的方式制造而成。电芯材料主要包括正负极材料、隔膜、电解液和组件，占据了动力电池的大部分成本。动力电池成本包括材料成本和生产成本，不同的正负极材料成本有一定差别，但整体来看材料成本占比较大。其中，材料成本又包括电芯材料、模组材料及 PACK 材料。生产成本包括人工成本及制造成本，相比于材料成本占比较小。

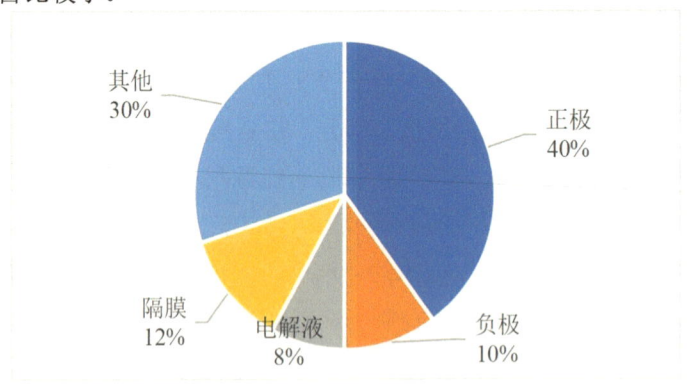

图 8.2.2 动力电池各部件成本

3. 驱动电机成本

从成本上来看，驱动电机占整车成本比例约 10%。以目前驱动电机应用最广泛的永磁同步电机为例，永磁同步电机主要由永磁体转子、定子铁芯、定子绕组、电机轴、壳体等部分组成。永磁同步电机各部件成本如图 8.2.3 所示，永磁材料钕铁硼主要用于制造转子永磁体，成本构成在 30%左右；硅钢片主要用于制作定转子铁芯，成本构成在 20%左右；定子绕组成本构成在 15%左右；电机轴成本构成在 5%左右；电机壳成本构成在 15%左右。

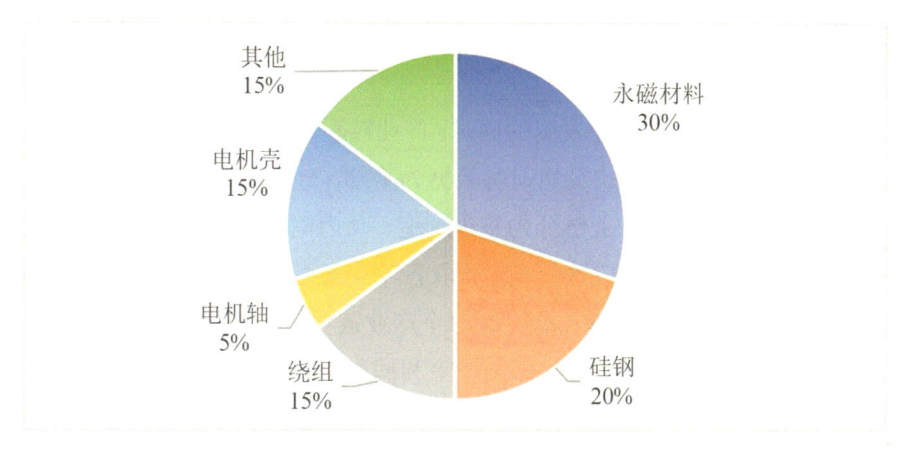

图 8.2.3　驱动电机各部件成本

4. 电控成本

电机控制器是电机驱动系统最核心的装置，也是成本最高的部件。根据数据显示，电动汽车电机控制器约占整车生产成本的 8%，是除却动力电池外成本支出最高的电动系统零部件。电机控制器主要构成包括功率模块、驱动电路板、控制电路板、传感器及连接器、壳体和控制软件等，功率模块占据重要地位。以 IGBT 方案功率模块电控为例，IGBT 模组占比约 37%，驱动电路板占比约 16%，控制电路板占比约 16%，壳体占比约 12%，传感器及连接器占比约 9%，如图 8.2.4 所示。

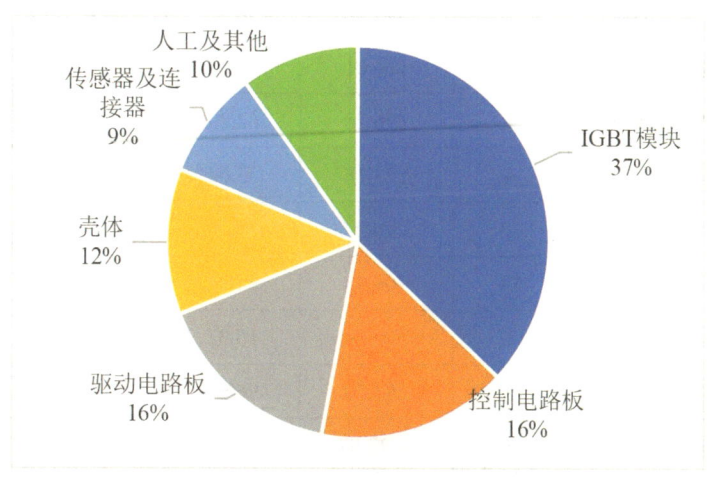

图 8.2.4　电机控制器各部件成本

（二）新能源汽车产业各环节利润

新能源汽车产业在加速发展的同时，产业链不同环节盈利能力也在不断分化。以新能源汽车产业上市公司财务数据为基础，分析新能源车产业链各环节盈利能力。将新能源车产业链分为整车制造、动力电池、正负极、隔膜及电解液、锂资源、稀土永磁等17个环节，选取各环节典型上市企业，收集其在2022年的营收、毛利润作为样本数据。将每个产业链环节中的样本企业在2022年的营收、毛利润相加，得到营收总额及毛利润总额，并以毛利润总和除以总营收总和，计算单一产业链环节样本企业2022年的毛利率均值。最终得出的结果如表8.2.1所示。

表8.2.1 新能源汽车产业各环节典型上市企业2022年营收及毛利率

序号	环节	涉及上市公司数量	2022年年度销售收入/亿元	同比上一年增长/%	2022年整体毛利率/%	同比上一年增长/%
1	锂资源	13	1503.33	387.05	68.78	16.72
2	三元前驱体	8	932.00	61.32	12.61	−0.96
3	正极材料	18	2339.26	254.06	13.64	−4.46
4	负极材料	7	394.74	101.68	21.49	−7.61
5	电解液材料	10	524.12	50.67	30.45	−4.41
6	电池结构件	3	124.01	93.83	20.19	−3.96
7	锂电池隔膜	4	196.70	62.89	47.80	1.92
8	锂电池铜箔	4	123.18	33.64	19.95	−5.43
9	动力电池	12	3508.55	157.53	16.30	−3.29
10	锂电池设备	18	406.48	62.12	28.98	−0.43
11	锂电池其他材料	3	21.73	16.02	33.41	3.51
12	锂电池回收	3	283.50	96.64	21.07	−3.24
13	新能源汽车	7	4823.07	136.17	17.30	2.14
14	充换电	8	95.00	47.68	22.96	0.70

（续表）

序号	环节	涉及上市公司数量	2022年年度销售收入/亿元	同比上一年增长/%	2022年整体毛利率/%	同比上一年增长/%
15	钴镍	4	161.23	10.17	21.96	−8.66
16	稀土永磁	2	116.53	74.84	16.72	−5.82
17	其他零部件	15	251.25	53.75	20.23	0.19

企业创收规模层面，2022年15个细分产业链年度销售规模在100亿元以上，其中新能源汽车、动力电池、正极材料和上游锂资源4个细分领域收入规模均突破1000亿元大关。从销售增长趋势看，2022年新能源汽车17个细分产业链销售收入全部实现10%以上正增长，其中13个细分产业链实现50%以上高速增长，锂资源、正极材料、动力电池、新能源汽车、负极材料等5个细分产业链实现100%以上的极速增长。增速最慢的3个细分领域为钴镍、锂电池其他材料和锂电池铜箔环节，销售收入增速分别为10.17%、16.02%和33.64%。

企业毛利率层面，锂资源开采毛利率最高，隔膜、电解液、锂电池制造设备稍稍落后，均超过30%，这4个环节属于高毛利水平。其中矿业企业毛利高属于意料之中，而且随着盐湖提锂产能的提升，锂矿企业的平均毛利水平还有望继续提升。但与超过60%的毛利率相比，锂矿开采企业的平均净利率则相对较低，反映了矿业开发企业高风险的特点。而设备制造得益于高技术门槛，拥有技术的企业，产品溢价高。隔膜及电解液的平均毛利率排名靠前，其高利润属于意料之外、情理之中。隔膜市场高度集中，电池隔膜龙头企业恩捷和星源在各自领域都是不可动摇的霸主，议价能力强，利润水平高。而电解液属于化工行业，可通过规模生产实现行业降本增效。全球市场的旺盛需求促使中国电解液企业从2021年下半年开始大肆扩充产能，掌握成本优势的电解液企业还将继续扩大自己的盈利空间。而整车制造、电池、三元前驱体、正极材料等环节，盈利能力在新能源汽车各个环节中的底层，毛利率均在18%以下。相较于隔膜、电解液相对稳定的盈利水平，正负极、矿业都对资源价格的波动非常敏感。而整车企业和电池企业虽然利润率水平不高，但因为体量大、资金实力雄厚，依然是新能源车产业链毫无疑问的"链主"，掌握着整个产业链的话语权。而且不论是车企还是电池企业，都在通过入股、收购优秀的上游企业，进一步巩固自己"链主"的地位。

第九章　电动化转型升级要求下盐城新能源汽车产业招商引资方向探讨

招商引资是带动区域内国民经济和社会发展的有力手段。通过优秀的招商引资项目的落地，可以带动地方资源要素聚集、带动基础设施投资、促进产业链供应链调整和优化、形成产业聚集和规模化效应、带动人口净流入推动消费升级、实现较大范围的产融结合和产城人融合、满足职住平衡需求促进房地产平稳发展、逐步丰盈政府财政收入、促进财政投入城市建设和治理推动产业基础的能级提升和迭代发展，逐步实现区域经济良性循环和高位发展。

盐城新能源汽车产业的发展，离不开持续的招商引资工作推动。本章结合盐城汽车产业特征及转型升级要求，对盐城新形势下新能源汽车产业招商进行分析研判，并针对新能源汽车引领的电动化、智能化、轻量化发展催生出的新的招商领域和投资空间，对盐城新能源汽车产业招商引资方向进行探讨。

第一节　盐城新能源汽车产业招商引资现状

近几年，盐城重抓汽车、钢铁、新能源、电子信息四大主导产业，统筹招商引资、项目建设，持续加大工作力度，着力化解堵点难点，不断提升服务成效，推动招商引资和项目建设，初步构建了"5+8+10"产业链梯次培育格局。通过不断健全招商管理机制、明确产业链招商思路、加强项目全周期服务、建设专业化招商服务团队，成功招引 SK 动力电池、金光纤维素纤维产业基地等 17 个百亿级项目，加快形成"以千亿级产业集群为方向、百亿级重特大项目为引领、10 亿级重大项目为支撑、亿级项目为配套"的梯次招商大格局。

在新能源汽车领域，盐城招商引资工作也卓见成效。一是持续引进动力电池重大项目。通过全力突破以韩国 SK 为重点的动力电池全产业链项目，重点排出动力电池产业链相关企业，深入研究分析，逐家拜访对接，通过活动招商、敲门招商、以商引商、线上招商等多种方式，招引了 SK 动力电池模组、威蜂动力电池、珩创正极材料、凌云电池 PACK、NS 自动化设备、易事特新能源等一批上下游产业链项目，涵盖动力电池电芯、模组、电池包、正极材料、隔膜材料、极耳材料、结构件材料、成套设备以及研发检测、储能快充、回收利用等领域较为完整的动力电池产业链条正在加速形成。截至目前，全市动力电池企业、上游电池材料及设备供应企业、下游动力电池研发检测等企业呈现出串珠成链、集群发展的良好态势，为动力电池产业持续发展提供了坚实支撑。二是不断升级汽车零部件产业。紧扣欧洲汽车产业生产基地转移的机遇，组建了对欧招商专班，积极主动参与设立驻德招商办事处，开展驻点招商、敲门招商，突破一批世界 500 强零部件项目，打造汽车零部件龙头基地。强化宣传推介佛吉亚"欧洲订单转盐城生产"、第二工厂开工建设的范例，以上海德系零部件巨头为敲门砖和弹跳板，跟踪掌握全球零部件龙头在华布局规划，全力以赴在头部企业的招引上实现新突破。三是加强打造汽车后服务市场。利用中汽中心汽车试验场、中汽智能网联测试中心等平台，开展智能网联、无人驾驶等汽车科技型项目招商，通过技术迭代、跨界融合持续提升新能源汽车综合竞争力，填补产业空白。利用森风汽车城、悦达智创园等平台载体，重点招引一批新能源汽车品牌旗舰店落户，助力汽车服务业提档升级。大力招引二手车、智能改装等高附加值项目，将汽车上牌、保险、理赔等服务职能延伸至汽车城，推动汽车生态由整车、零部件研发生产拓展至后服务业市场的全产业链集聚发展。

由于宏观政策调整、发展环境趋紧以及区域同质竞争加重等多重因素制约影响，盐城新能源汽车产业链招商引资过程中仍存在一些短板不足及现实难题。一是招引企业类型单一。在吸引投资时，主要集中在动力电池等少数领域，动力电池规模扩张的单一发展方式较为明显。这种情况可能会导致盐城新能源汽车产业结构单一，缺乏抗风险能力，面临产业出现衰退或市场变化从而导致经济增长受到严重影响的问题。此外，类型单一的企业也可能导致技术创新的缺乏和资源的过度集中，不利于行业的长期发展。二是招引企业耦合度低。传统

第九章　电动化转型升级要求下盐城新能源汽车产业招商引资方向探讨

燃油汽车产业与新能源汽车产业耦合度不高，企业关联性不强，结构调整和资源优化配置的矛盾依然突出。这些问题阻碍了盐城新能源汽车产业链的多向发展，进一步影响产业链招商。三是资源要素制约招商。随着招商的深入、项目落户的增多，土地指标趋紧，空间要素制约、环境容量不足、用工成本上升等因素制约直接拖累了项目实施；同时，由于受国际引资竞争日趋激烈、周边城市同质化发展严重等综合因素的影响，盐城在招商政策优势上日趋弱化，具有龙头引领作用的重特大产业储备项目偏少。

第二节　新能源汽车产业招商引资经验做法

"十四五"时期，快速发展的新能源汽车产业重构国内汽车产业格局，一批城市在全国汽车行业的地位明显提高。据统计，上海、柳州、西安、常州、合肥、青岛等市2021年新能源汽车产量在全国占比分别为17.2%、13.1%、7.3%、2.4%、3.9%和4.7%，横向对比各城市在传统燃油汽车领域的全国位次，均有较大进步。其中，上海、柳州进一步巩固了其在全国汽车行业的地位，西安、常州、合肥、青岛则化劣势为优势，换道领跑成为全国新兴的新能源汽车城市。这些城市通过重点项目谋划、龙头企业招引，率先实现产业突围，已经在新能源整车、动力电池、关键零部件等领域形成一定的集聚效应。

（一）"抓链主抓核心"式招商

西安市通过实施"链长制"，把工业项目技改扩能、新增产能作为主攻方向，把招商引资作为"关键一招"，不断延链、补链、强链，吸引聚集了一批新能源汽车企业，打造了以比亚迪、吉利等企业为龙头的新能源汽车产业"兵团"。比亚迪在西安不断布局全产业链业务以及核心技术，实现了新能源汽车全产业链的打通，并作为汽车产业"链主"企业不断吸引相关配套产业在西安聚集，而西安作为比亚迪最大的生产基地，获得后者贡献超过一半的汽车产量。吉利汽车西安制造基地同样主动担当起全面打造西安汽车产业链的重任，截至2022年已累计引入一级配套供应商31家、二级配套供应商12家。

上海市吸引特斯拉在南汇投资100亿美元生产电动汽车，同时，在土地成本、资本融资等方面，量身定做了极具吸引力的优惠政策，如在寸土寸金的临港特批 1200 亩地，价格仅为市场的 1/10，提供 150 亿元超低息贷款（利率约 3.9%）等。2019 年，特斯拉上海超级工厂成功建成投产。龙头车企的入驻使得临港新能源汽车热度高企。2021 年 5 月，18 个智能新能源汽车产业项目集中签约落地临港，总投资超 160 亿元。同年，追随特斯拉、上汽集团等整车企业的脚步，康明斯、地平线、商汤科技、宁德时代等智能新能源汽车细分领域龙头企业落户临港，涵盖汽车芯片、自动驾驶系统、汽车内饰、车身、新材料、精密加工等领域，推动新能源汽车成为临港首个千亿级产业群。

（二）"抓基础抓联动"式招商

柳州市依托传统汽车产业基础，壮大本区域新能源汽车产业，通过培育新能源汽车应用和产业创新生态，支持本地企业开发新能源车型。开创了政企联动推广新能源汽车的"柳州模式"，实施停车费优惠、充电优惠、施划专用停车位等措施，建设新能源汽车推广应用示范城市。同时还大力支持企业开发五菱宏光 EV、宝骏 E 系列等微型电动车。

青岛市利用沿海区位优势，加大承接北京等城市项目，支持北汽、一汽、上汽通用五菱和奇瑞等企业进行产业升级，支持新能源项目落地，2019 年出台招商政策，投资 30 亿元以上的整车项目"一事一议"给予奖补，30 亿元以下整车项目给予 1 亿元一次性奖励。青岛市依托整车招引配套企业，举办"北汽新能源汽车供应链伙伴大会"，仅 2018 年就吸引 20 多家配套企业签约落户。

（三）"抓平台抓载体"式招商

杭州市采取区域平台招商方式，构建关键零部件及新能源汽车整车完整产业体系。如钱塘区以前进智造园为主，支持吉利、广汽、长安福特、零跑等整车企业发展，形成了集整车生产、销售、服务、检验、检测、物流于一体的汽车产业链。萧山区则以万向创新聚能城、信息港小镇等产业平台载体为核心，建设汽车零部件、动力电池等新能源汽车核心零部件制造基地。余杭区建设新能源商用车、零部件制造基地。滨江区、富阳区等形成以智能网联汽车零部件生产基地、测试场和示范区建设为特色的产业集聚区。

第九章　电动化转型升级要求下盐城新能源汽车产业招商引资方向探讨

苏州市鼓励搭建集创业孵化、研发设计、中试孵化、检测认证等功能于一体的新能源汽车公共服务平台。苏州市已集聚了一批汽车制造领域国家级、省级平台，为企业提供产业孵化和人才培训等服务内容。在此基础上，苏州市政府于2022年年底发布《苏州市新能源产业创新集群行动计划（2023—2025年）》，目的是建设一批高质量特色产业园区，推动张家港新能源（锂电材料）产业园、常熟氢燃料电池产业园等相关园区资源整合、产业融合，集聚新能源产业企业。

第三节　新能源汽车产业招商引资建议

（一）"抓大不忘小"，以大带小完善产业链条

无论城市还是园区的发展，依赖的都是一条或是多条完善的产业链布局，而不是单纯依赖一两家龙头企业。围绕明确的产业定位，按链招商、孵化，打造一个上下游完整、产业氛围浓郁的产业生态，不仅可以促进当地的产业发展，还可以降低企业流失风险。近年来，盐城新能源汽车产业在整车、动力电池领域已招引大量的"链主"龙头企业，但因落户时间较短，尚未形成健全的产业上下游生态，具体表现为动力电池上游企业数量少、体量小、配套率低。在此情况下，需更进一步依托"链主"龙头企业，除正负极、隔膜等核心材料企业外，可以招引一批配套的中小环节企业，夯实产业链基础，健全产业链生态，加深"链主"企业与本土的联系，确保"链主"企业在本土的长期发展。一是持续完善动力电池产业链完整度。在专注于"生产"的产业基础上，拓展打造"设计—生产—使用—梯次利用—回收"电池全生命周期产业生态，同时从电池环节向新能源汽车全产业链延伸。二是加强配套小企业的招引力度。在通过产业链全景图、招商地图进行招商目标确定时，应着重于挖掘具有地域特点的配套环节。如用于电池封装的壳体与顶盖等电池结构件，由于电池壳体中空构造，运输成本高，故往往有较大的在本土配套的需求。招引此类需要贴近下游客户的企业来盐城建设生产基地，形成区域内企业间的合作态势，有助于加速产业集群健康发展。

（二）"抓新不忘旧"，以新带旧实现转型升级

盐城新能源汽车产业的发展，一方面有其新，新能源产业是朝阳产业、绿色产业，盐城聚力新能源光伏、储能电池、动力电池等"链主"项目招引建设，从无到有构建全新产业链生态体系；一方面有其旧，传统汽车及配套零部件企业有着厚实的技术积淀和大量的产业工人。故新能源汽车及动力电池产业的招商引资，应充分利用盐城汽车产业资源禀赋，深入挖掘盐城汽车产业积淀，厘清新旧产业连接点，找准电气化、智能化切入点，以新能源汽车产业发展新动能盘活汽车零部件企业旧势能，寻求招商引资方向。如汽车线束产业，新能源汽车产业引领的电动化、智能化、轻量化发展要求同样适用于汽车线束行业，高压线束相比低压线束要求高且结构复杂，智能化对高带宽线束需求提升，轻量化趋势驱动新材料线束需求，三大趋势引领线束行业实现二次增长，预计2025年中国汽车线束市场规模将达到1200亿元,其中传统车用线束450亿元、新能源车用线束750亿元。其产业规模虽然相对较小，但产业特性却与盐城产业基础更为相符：盐城汽车零部件产业中，有大量的汽车注塑、模具、线束等企业，具有一定的产业基础；汽车线束主要由线缆、包裹材料以及连接器（端子）三部分组成，汽车线束所用的高性能复合纤维等包裹材料与盐城纺织、化纤产业具有较强的关联性，是盐城"4+N"新材料产业发展方向之一；汽车线束行业属于典型的劳动密集型产业，在线束制造过程中需要大量人工进行插植、布线、包胶、轧带等流水线操作，可充分利用盐城现有劳动力优势。通过分析盐城汽车零部件企业的基础与特点，完善招商引资地图，引入调性与盐城更为相符的新能源汽车相关零部件企业，利用其积累的产品技术和开发经验，实现与盐城汽车零部件企业的联动，充分激活盐城汽车市场活力，挖掘盐城汽车产业增量，打造适合盐城的汽车零部件产业生态，以产业孵化逐步缓解产业招商压力。

（三）"抓外不忘内"，注重完善招商引资载体

在国内综合要素成本上升的背景下，地区招商和产业竞争的核心，正在从"要素"转向"生态"。以往的政策、土地、能源等要素，在高质量发展的要

第九章　电动化转型升级要求下盐城新能源汽车产业招商引资方向探讨

求下，逐渐失去优势。而营商环境、平台的资源整合力、资本助推力、人才支撑力、企业的创新主导力等，开始成为地区招商的产业生态竞争力。通过项目招引建设推动盐城新能源汽车产业链的规模化发展，同样需要外练"招式"，拓宽招商路径、丰富招商方式、建设招商队伍；内修"内功"，优化招商环境、提升服务水平、打造平台载体。在招商环境方面，完善新能源汽车产业园等园区配套设施和服务功能，加快标准化厂房建设。在优质服务方面，规范审批行为，提高行政效能。在产业配套方面，大力优化物流条件，降低企业生产经营成本，支持和引导本地企业参与配套。在平台建设方面，依托江苏新能源汽车研究院、中汽试验场等平台优势，聚焦动力电池检测、自动驾驶测试等产业环节平台发展。搭建集创业孵化、中试孵化、检测认证等功能于一体的新能源汽车公共服务平台，进一步通过"产业园区+公共服务平台"的方式进行招商。

第十章　盐城地区私人电动乘用车消费关注点研究

本章针对盐城私人乘用车市场中的电动车车主和普通消费者展开问卷调查，调查开展于 2023 年 7—8 月，并进行了样本数据分析。共有 236 位受访者参与此次调查，其中有 41 位电动车车主、195 位普通消费者，剔除外地受访者和无效数据后，得到有效样本 215 个。

调查问卷包含四个部分：第一部分是基本信息，包括性别、年龄、学历、家庭收入水平、职业类型、家庭汽车数量和出行里程；第二部分是消费者对新能源汽车的认知情况，包括对新能源汽车及政策了解程度、信息获取渠道、对新能源汽车的看法及主要缺点认知等；第三部分是消费者购车的考虑因素，包括新能源汽车续航里程、辅助驾驶功能需求强度、品牌偏好等；第四部分是新能源汽车购买意愿各影响因素量化评分，采用李克特五点量表方法对续航能力、安全性、购置价格、使用成本、充电便利性、政策补贴等因素进行量化，并通过 Logistic 回归分析各因素对新能源汽车购买意愿的影响程度。

第一节　受访者特征分析

（一）受访者总体特征

受访者中，男女比例为 6∶4，较为合适，能较好地分析不同性别人群的态度；受访者包含各年龄层次人群，但以 30～50 岁为主，30～40 岁占比近 55%，40～50 岁占比为 21%，年龄层次符合购买汽车人群特征；所有学历层次人员都有涉及，整体来看，被调查者学历层次普遍较高，受教育程度较高，大部分拥有大专及以上学历，占比约 77%，因此被调查者对于新能源汽车的认识会更多，调查结果可能更趋于合理；从职业情况来看，涵盖了各类单位和职业人群，能获得不同职业人群的评价结果,其中,政府和事业单位、企业最多,两者占比约53%,贴近新能源汽车目标客户特征。见表10.1.1。

表10.1.1 受访者描述性统计

题项	选项	百分比/%
您的性别是	男	59.7
	女	40.3
您的年龄是	20岁以下	1.6
	20~30岁	11.3
	30~40岁	54.8
	40~50岁	21
	50岁以上	11.3
您的受教育程度	高中及以下	22.6
	大专	17.7
	本科	25.8
	硕士	30.7
	博士	3.2
您的职业情况	务农/个体经营/自由职业	24.2
	私人企业	19.3
	合资/外资企业	3.2
	国有企业	21
	事业、行政单位	32.3

(二)受访者对新能源汽车的认知特征

1. 消费者新能源汽车认知度达到较高水平

约73%的盐城地区受访者有过驾驶或者乘坐新能源汽车的经历,且约有半数的消费者对新能源汽车的相关情况和相关政策有所了解,此外有10%~15%的受访者对此表示比较了解或者很了解。总体而言,60%以上群众对新能源汽车的知悉程度已达到一般水平以上。见图10.1.1、图10.1.2。

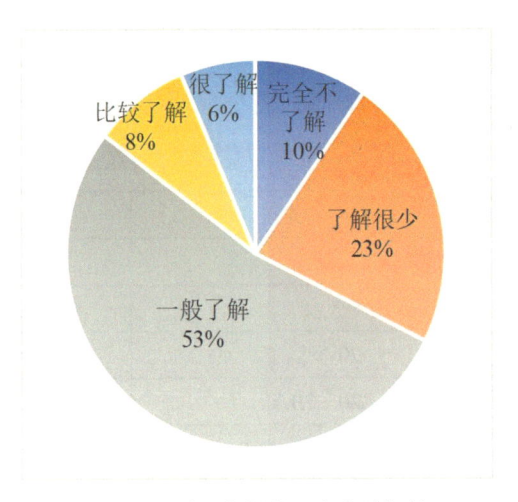

图 10.1.1　受访者新能源汽车认知情况

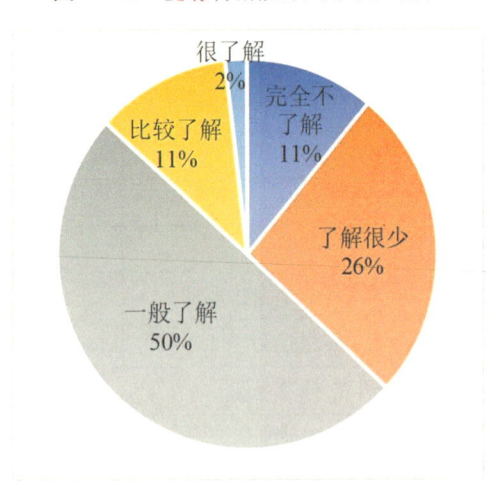

图 10.1.2　受访者新能源汽车政策了解情况

2. 互联网成为了解新能源汽车信息的主要渠道

在汽车经销商、报纸杂志、电视广告和新闻、互联网（短视频、公众号）、亲朋好友介绍等新能源汽车信息了解渠道来源调查中，选择互联网的受访者占比近 70%，选择亲朋好友介绍的占比近 47%，选择汽车经销商与电视广告和新闻的在 30% 左右。短视频、公众号等互联网媒介，已成为盐城消费者了解新能源汽车的最主要来源。见图 10.1.3。

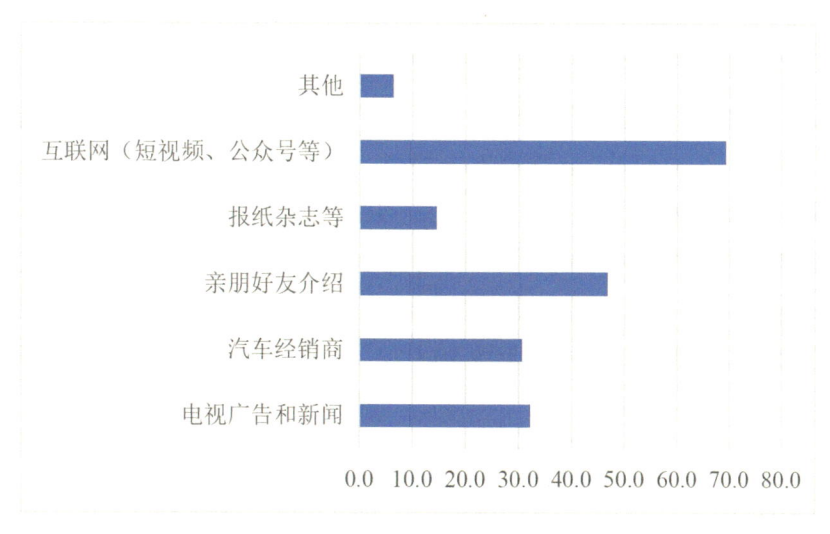

图 10.1.3　受访者新能源汽车信息获取渠道（%）

3. 消费者对新能源汽车态度有所改观

69%左右的受访者表示 2~3 年前并不看好新能源汽车的应用，随着新能源汽车技术的发展，现在态度有所改观。但其中仅有 21%左右的受访者购买新能源汽车的意愿增强，另外 48%左右的消费者则是观望态度，购买新能源汽车的意愿并不强烈。见图 10.1.4。

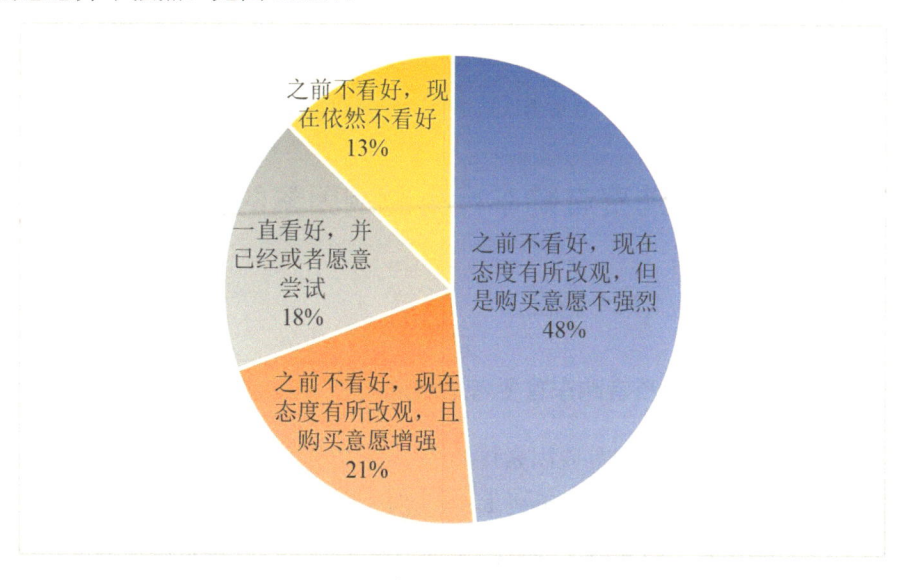

图 10.1.4　受访者对新能源汽车态度

4. 续航、充电、安全是最主要的消费顾虑

在新能源汽车主要的缺点这个问题上，受访者选择前三的是续航里程有限、充电不便利、安全性差，比例分别为73%、71%、48%。技术不成熟、购置成本高的选择比例则在23%左右。选择最少的选项为车型有限，不到5%。可见虽然近年来电池续航及性能有大幅提高，厂商不断提高电池安全性能，充电设施建设也在加速推进，但新能源汽车的续航、安全、充电问题，仍是消费者购买新能源汽车时的最大顾虑。见图10.1.5。

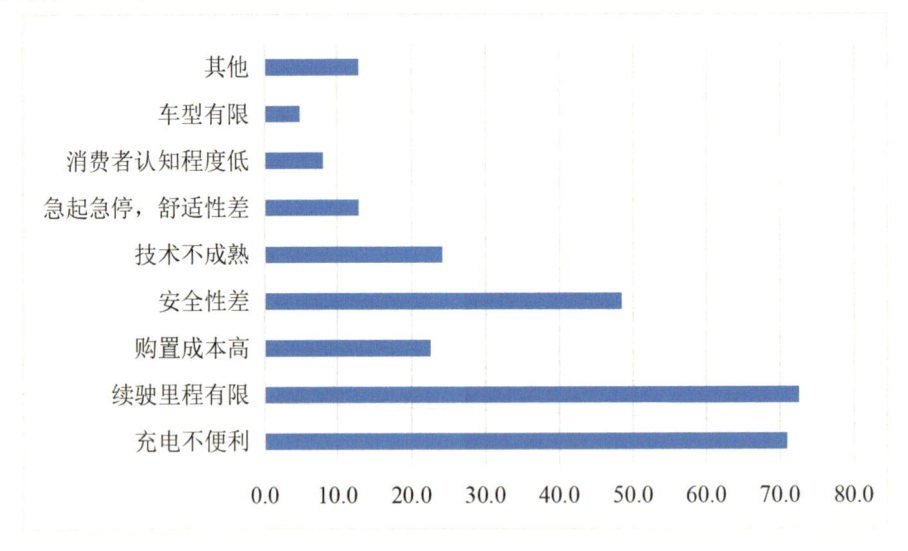

图10.1.5 受访者认知中的新能源汽车缺点（%）

第二节 消费者购车行为影响因素的特征分析

（一）消费者购车考虑因素

1. 购置价格是消费者购车首要考虑因素

消费者购车时考虑的首要因素排名前五的依次是购置价格、车辆舒适性、车辆安全性、品牌及口碑、使用成本，均超过了40%。经济、舒适、安全这些传统需求，仍然是消费者购车时的最主要考虑因素。选择车辆智能网联功能、

激励政策的受访者较少，占比仅有约 6.5%。智能网联虽然能提高车辆使用者的便利性，但是这些功能属于"锦上添花"，而非盐城消费者购车的决定性因素。见图 10.2.1。

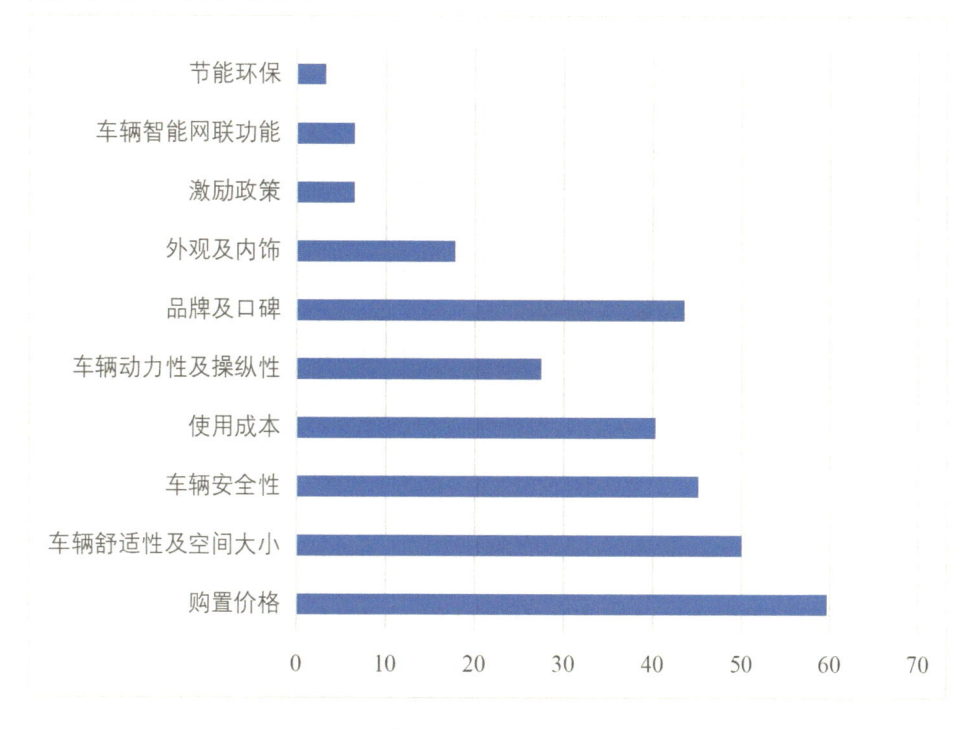

图 10.2.1　受访者购车首要考虑因素（%）

2. 电动化改变半数消费者对品牌的选择

在如果购买新能源汽车，更倾向于购买什么品牌这一问题上，选择比亚迪、吉利等传统国产独资品牌和宝马、丰田等传统外资品牌的消费者占比分别是 37% 和 21%，高于上汽大众等传统合资品牌的 15%。一方面体现了宝马等外资产品在消费者心中的品牌优势仍在，另一方面比亚迪等传统国产品牌的崛起，也已经吸引消费者足够的关注与兴趣，而传统合资品牌在新能源汽车领域的优势确已减小。此外，40% 的消费者表示，如购买新能源汽车，倾向的车辆厂商、品牌与购买燃油车辆时的选择并不一样。新能源汽车的新兴给消费者提供了更多的品牌选择，也给国内车企品牌获得消费者认可提供了新的机会，品牌建设的重要性逐渐凸显。见图 10.2.2。

在新能源汽车车型选择方面，半数以上盐城消费者选择了中型（B 级）车，仅 29%选择了紧凑型（A 级）或者微型车（A0 级及以下）。消费者对车型的空间要求较大，这也与消费者在购车时对车辆舒适性的高关注度相一致。见图 10.2.3。

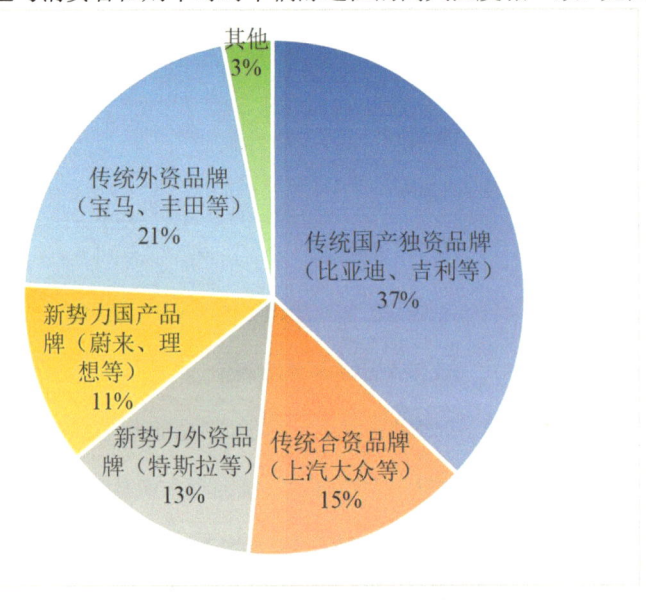

图 10.2.2　受访者新能源汽车品牌类型偏好

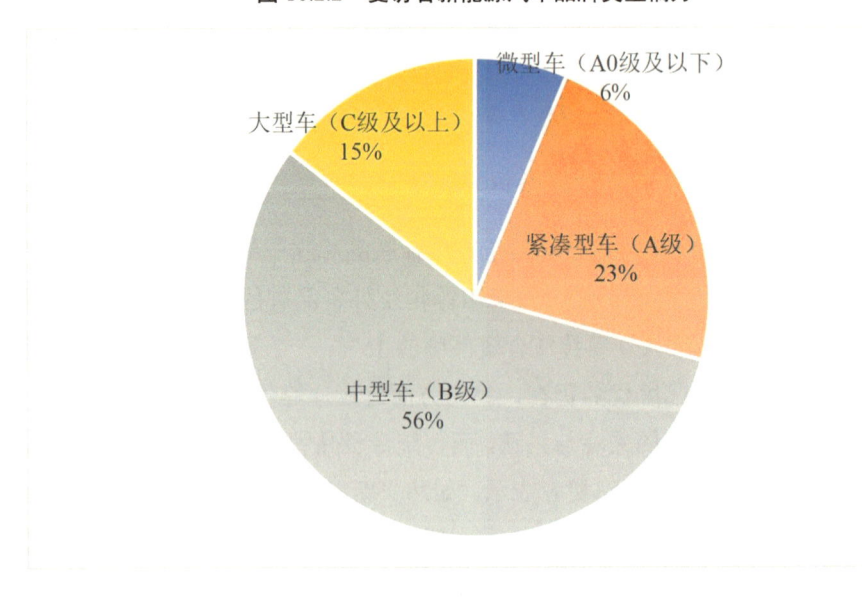

图 10.2.3　受访者新能源汽车车型偏好

3. 续航里程大于 400 km 成为普遍要求

76%的受访者对新能源汽车的续航里程要求大于 400 km，400～500 km、500～600 km 的占比均在 23%左右，600 km 以上的占比则近 30%。目前，电动汽车的平均续航里程为 400～600 km，广汽埃安 AION LX Plus、蔚来 ET7 等高端产品的续航能力甚至达到 1000 km，比亚迪汉 EV 乘用车达到了 700 km 的续航里程，特斯拉的车型普遍在 650 km 左右，广汽丰田 iA5、小鹏 P5 等车型续航则均高于 550 km。虽然盐城消费者主观上认为续航里程不足是新能源汽车的主要缺点之一，实则随着电池技术的更新迭代，现有车型的续航里程已能满足大多数潜在消费者的需求，续航里程焦虑的本质仍是充电焦虑。见图 10.2.4。

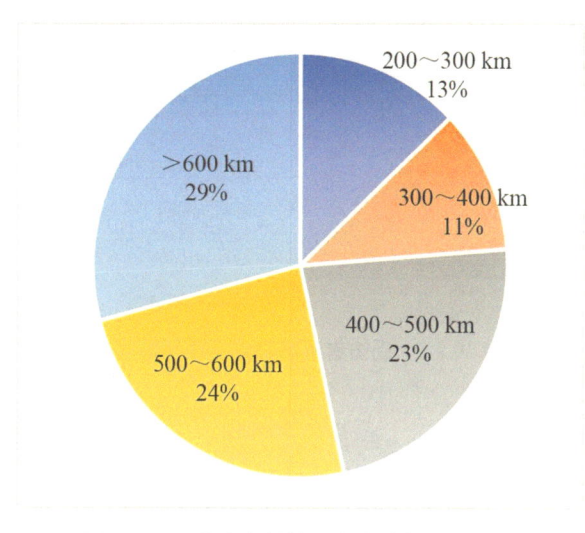

图 10.2.4 受访者新能源汽车续航里程偏好

4. 智能网联功能处于"供给驱动"阶段

目前，智能网联主要发展方向主要为智能驾驶、智能座舱、车联网，通过提供辅助驾驶、自动驾驶等功能减少汽车驾驶强度、提升交通安全，提供智能的人机交互功能丰富驾乘乐趣。但在对这些智能网联功能的需求如何的问题上，受访者普遍表示需求程度一般，仅有 11%左右的消费者表示很需要智能辅助驾驶、车内大屏娱乐等功能。结合仅有 6.5%的消费者选择智能网联功能作为购车时的首要考虑因素，可见多数消费者对于智能网联的功能需求并不迫切。智能网联的推广应用，仍然以车企供给侧推动为主，而非需求侧驱动。智能网联在技术的开发、细分市场上的落地应用、商业模式的探索，使消费者对智能网联功能的态度从"可有可无"转换为"大有用处"，变供给驱动为需求驱动，仍然是新能源汽车企业需要面对的一个问题。

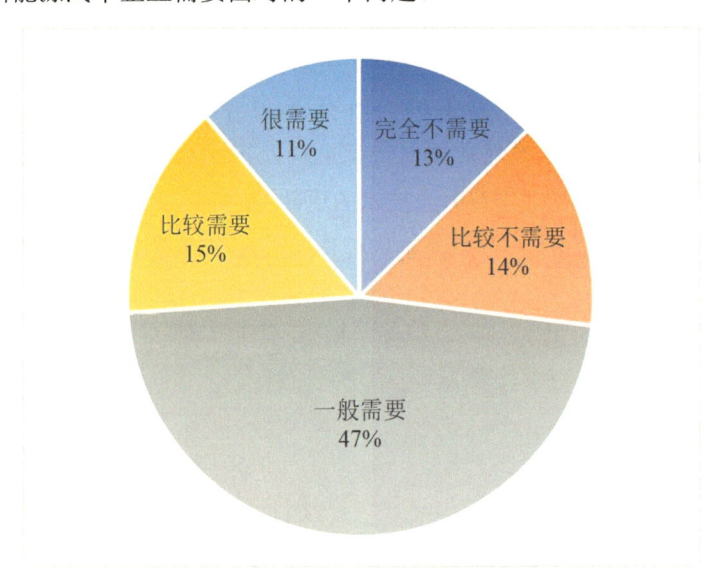

图 10.2.5 受访者对车载娱乐功能的需求

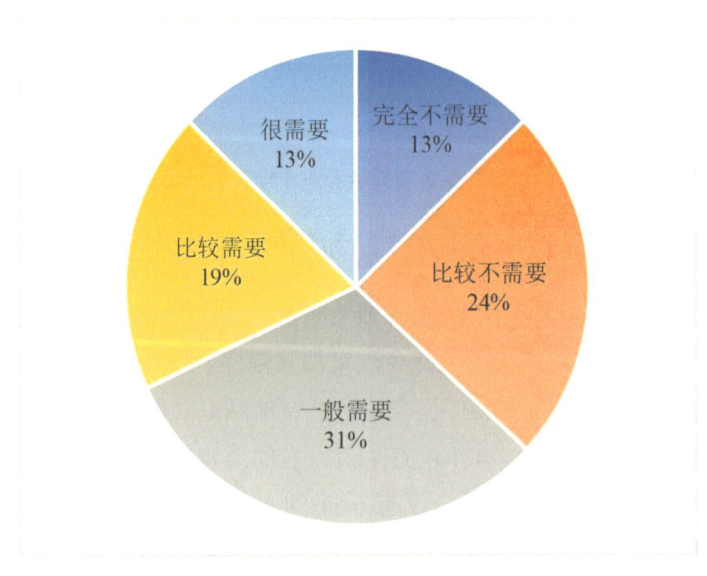

图 10.2.6 受访者对车辆智能驾驶功能的需求

（二）购车考虑因素对比分析

不同新能源汽车购买意愿的消费者在购买汽车时考虑的首要因素有一定差异。新能源汽车高意愿消费者考虑的首要因素排名前三的依次是使用成本、购置价格和车辆舒适性，而新能源汽车低意愿消费者在购车时考虑的首要因素排名前三的依次是购置价格、车辆安全性和品牌及口碑。虽然购置价格对不同购买意愿的消费者的首要度均比较高，但是新能源汽车低意愿消费者对购置价格更敏感。此外，新能源汽车低意愿消费者也更多地关注汽车的安全性及品牌价值。而有更多的新能源汽车高意愿消费者更关注使用成本、外观及内饰、车辆智能网联功能等因素。

因素	高意愿	低意愿
节能环保	3.23	0.00
车辆智能网联功能	4.84	1.61
激励政策	4.84	1.61
外观及内饰	9.68	8.06
品牌及口碑	16.13	29.03
车辆动力性及操纵性	12.9	14.52
使用成本	27.42	12.90
车辆安全性	16.13	29.03
车辆舒适性及空间大小	22.58	25.81
购置价格	27.42	32.26

图 10.2.7　不同新能源汽车购买意愿消费者购车首要考虑因素对比（%）

第三节　消费者购车行为影响因素的回归分析

采用李克特五点量表进行问卷量表设计。其中，年龄以 20、30、40、50 岁为界分为五档，受教育程度分为高中及以下、大专、本科、硕士、博士五档，收入水平以 5、10、15、20 为界分为五档，车辆因素及政策程度由小到大分为五档。对回归中使用的所有变量进行汇总，进行变量描述性统计，具体内容如表 10.3.1 所示。不同新能源汽车购买意愿消费者购车影响因素评分如图 10.3.1 所示。

表 10.3.1　消费者新能源汽车购车行为影响因素变量表

类别	变量	定义	平均数	标准差
因变量	Y	新能源汽车消费意愿（1/0）	0.48	0.33
社会特征	Gender	性别	0.6	0.46
	Age	年龄	3.31	1.41
	Edu	受教育程度	2.74	1.14
	Income	收入水平	3.35	0.97
车辆因素	PC	购置成本	3.48	1.08
	FE	燃料经济性	3	0.94
	DMC	日常维修保养费用	3.72	1.21
	SSP	二手车残值	3.18	1.25
	BP	续航性能	3.32	0.79
	Safety	安全性	3.6	0.75
	IIC	智能网联功能	3.31	1.17
政策因素	CC	充电便利性	2.81	0.81
	PS	购置补贴	3.06	0.72

（一）社会特征

1. 高收入水平增加新能源汽车消费概率

收入水平与购车概率呈正相关，在其他所有因素相同的情况下，每增加一个单位的收入（即 5 万元/年），成为新能源汽车车主的概率增加近 57%。新能源汽车有时也象征着不同的生活方式和社会地位，体现绿色环保意识，以及对新技术的接受度，高收入消费者更容易负担新能源汽车的购置成本，更愿意接受新技术。

2. 教育水平对新能源汽车消费影响不大

不同的教育水平在购买意愿上的得分不存在显著性差异,并未出现教育水平越高、消费者购买新能源汽车的意愿越强的现象。甚至硕士以上学历消费者对新能源汽车的消费意愿反而不如本科学历消费者。硕士以上学历消费者多数对新能源汽车的认知更充分,对新事物持保守态度,反而降低了其消费意愿。

影响因素	高意愿	低意愿
充电便利性	3.13	2.5
补贴政策	3.57	2.59
二手车残值	2.9	3.44
燃料经济性	3.53	2.5
购置成本	3.07	3.88
智能网联功能	3.67	2.97
电池衰减	3.23	3.66
安全性	3.13	4.03
续航性能	3.07	3.57

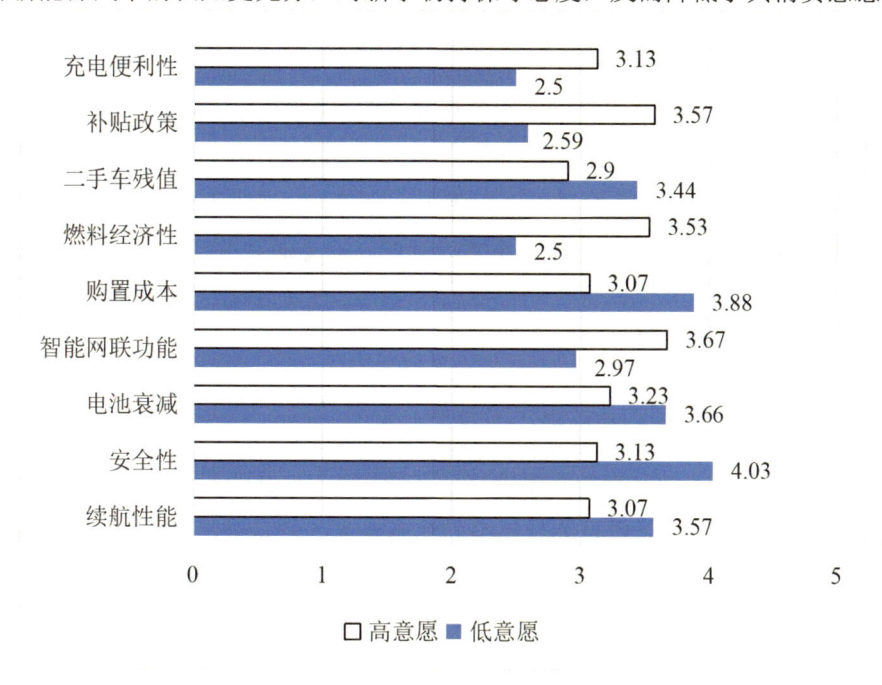

图 10.3.1 不同新能源汽车购买意愿消费者购车影响因素评分

(二)车辆因素

1. 车辆经济性对购买意愿影响程度不一

燃料成本与购买意愿之间呈现出显著性,相关系数值大于 0,与购买意愿之间有着正相关关系。消费者对燃料经济性的关注每增加 1 个单位,购买新能源汽车的概率增加 22%。在燃料经济性方面,新能源汽车比燃油、燃气汽车车型更具有优势。因此,消费者越关心燃料经济性,就越有可能选择新能源汽车。

购置成本、维护保养成本与购买意愿之间的关联性较弱。消费者对购置成本、维护保养成本的关注度的变化，对新能源汽车的消费概率影响的百分比仅在个位数。购置成本虽然是大多数汽车消费者的首要考虑因素，但是在同等价格区间内，新能源汽车比燃油汽车购置成本高，对多数消费者影响不大。

折旧成本与购买意愿之间没有呈现出显著性，相关系数接近于 0，说明折旧成本与购买意愿之间没有相关关系。

2. 续航性能和安全性对购买意愿的影响最大

汽车续航性能和安全性的回归系数分别为 -0.686 和 -0.393，且均通过显著性检验，对消费者购买新能源汽车意愿有显著影响，在其他所有因素相同的情况下，对续航性能和安全性关注每增加一个单位，成为新能源汽车车主的概率减小近 46% 和 33%。这也与消费者对续航、安全的高关注度相一致。

（三）政策因素

1. 充电便利性制约新能源汽车消费

消费者对充电便利性的重要性打分每增加 1 分，其购买电动车的概率下降 37%。由于安装私人充电桩的过程中仍然会遇到诸多问题，如图 10.3.2 所示，消费者对充电问题仍然较为担忧。

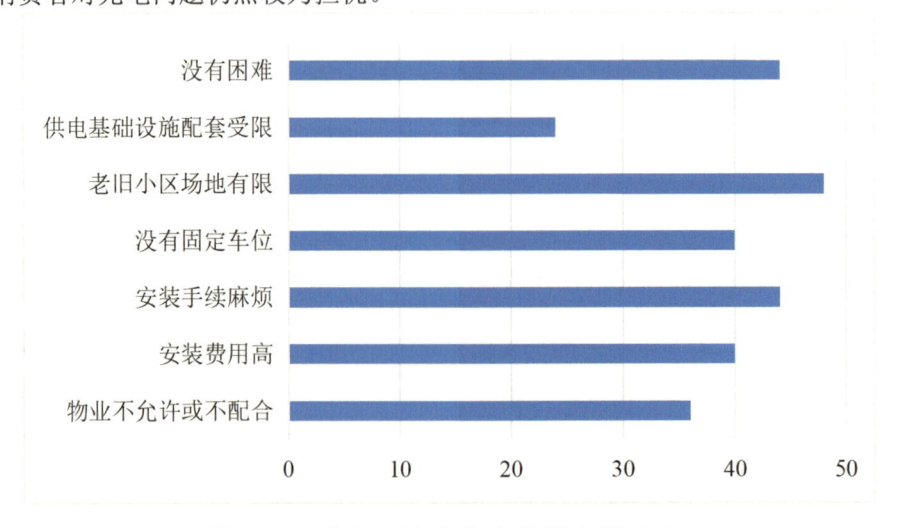

图 10.3.2　私人充电桩安装时遇到的问题（%）

虽然盐城在扩大充电基础设施布局方面付出了相当大的努力，但车桩比仍然无法支撑大规模推广应用。一方面，私人充电桩的安装过程存在诸多障碍；另一方面，消费者对充电便利性的感知程度低，也导致对电动车充电便利性印象较差。

2. 消费者对补贴政策关注度下降

补贴政策与购买意愿之间没有呈现出显著性。愿意购买新能源汽车的消费者不会因为没有政策补贴而不购买，而因其他方面的考量而不愿意购买新能源汽车的消费者也不会因为政策补贴而购买。政策补贴、税费减免等手段已经无法显著影响消费者的消费意愿。

第四节 结论与建议

（一）及时调整改进相关激励政策，政策引导多样化

随着 2019 年 6 月政府财政补贴的逐渐退坡，一些新能源汽车企业也逐渐退出，政府补贴限额的设定在很大程度上影响着还处于早期发展阶段的新能源汽车产业。政府可根据新能源汽车产业的实际发展情况，推出更为完整多样、行之有效的货币激励政策和非货币激励政策，立足于长远有效而不是短期刺激。此外，随着财政补贴的退坡，新能源汽车的购买成本也随之增加，但目前新能源汽车正处在由政策驱动迈入市场驱动的过渡阶段，需要极具吸引力的激励政策引导消费者，例如将财政补贴转向加强新能源汽车的基础设施建设，适当提高消费者在汽车使用环节的补贴，如新能源汽车用电补贴、停车费用补贴、汽车置换补贴等，以刺激消费者购买新能源汽车。

（二）加强对配套基础设施建设和电池回收方面的监督与管理

新能源汽车对基础设施的建设特别依赖。新能源汽车相关基础设施的建设有力且直观地影响着消费者的购买意愿。随着政府补贴的逐渐退坡，消费者越发看重国家对充电基础设施的建设。一方面，新能源汽车对于续航和充电十分

依赖，现阶段充电设施的便利性、充电时间等因素极大地影响着消费者的购买意愿。政府需从法律法规方面加强对消费者权益的维护和保障，并不断加强监督，定期巡查充电基础设施的建设是否符合标准，确保安全。针对新能源汽车公共充电桩的利用率的问题，政府应积极规范国内的新能源汽车充电设施，提高充电桩利用率，建议可在恰当的交通点设置换电站或电池租赁站，提高使用新能源汽车的便捷性。另一方面，电池是新能源汽车的核心组件，对于新能源汽车废旧电池的回收和报废等问题，政府应督促相关部门和企业运转落实废旧电池回收管理体系，防止因电池回收不当对环境安全造成威胁。

（三）坚持技术创新，加大研发投入，不断改进技术

在影响消费者购买新能源汽车的意愿的所有因素中，消费者最为重视的是新能源汽车的续航里程和充电设施的便利性，紧接着就是新能源汽车技术的安全性和舒适性。汽车性能对于消费的购买意愿有着极大的影响。

因此，对于新能源汽车企业，企业内部需要不断改进和完善新能源汽车产品的核心技术，加快技术更迭，不断提高新能源汽车产品的质量和性能，进而提高企业的核心竞争力。对外应加强新能源汽车产品性能方面的宣传，特别是对新能源汽车的安全性能和技术的成熟可靠性的宣传，以增加消费者对新能源汽车的信任度，提高消费者的购买信心。

同时，新能源汽车的续航能力和电池寿命能满足出行需求也是消费者十分关注的重要问题，企业需加强对于新能源汽车充电设备和电池技术的研发。只有不断提升和改进新能源汽车的性能，加强新能源汽车产品的核心竞争力，增加消费者对新能源汽车安全性和技术成熟可靠性的信任，减少消费者对技术风险的担忧，消费者的购买意愿才能得到提高，新能源汽车的市场占有率才能进一步提升。

（四）了解消费者需求，制定科学有效的营销策略

根据对产品因素的分析可知，消费者考虑购买新能源汽车时，对于不同汽车性能指标的重视程度会有所差别。政策企业应根据消费者对不同产品性能的重视程度，从满足消费者需求的角度出发，在进行宣传时有所侧重，提高消费

者的认可度。在宣传方式方面,由于消费者对新能源汽车的认知情况显著影响着消费者的购买意愿,建议制定具有长期性和持续性特征的宣传策略,通过长期持续的宣传,不断累积加深消费者对新能源汽车的了解,从而提高消费者购买新能源汽车的意愿。在宣传手段方面,根据调查,消费者主要通过互联网、亲友介绍等方式获取相关信息,建议整车企业可加强短视频等互联网平台建设,丰富宣传手段,扩大宣传范围,同时结合线下宣传活动,让消费者直接接触到新能源汽车,帮助消费者更准确地了解产品信息,进而增强消费者的购买意愿。

此外,产品品牌对消费者购买行为仍有较大影响,许多消费者将其作为首要考量因素。在高的品牌感知价值下,顾客的购买意向也会得到增强。近年来,悦达起亚汽车的品牌认可度、影响力随着销售量的下降也有所下滑,在电动化改革浪潮中,起亚在国内市场重整旗鼓,需要重新打造一个具有明确定位的品牌形象,通过广告促销等手段来提升品牌的知名度,并提高整个品牌的品质,提高消费者对企业的信任程度和美誉度,从整体上提升企业的品牌价值。

第十一章　盐城新能源汽车充电桩建设政府职能对策研究

当前我国新能源汽车行业因绿色可持续发展及能源安全战略的提出与落实而得到快速推动，新能源汽车行业呈现井喷式发展，充电设施配套建设对该行业的发展具有重要影响。盐城新能源汽车充电设施建设已取得显著成效，政府发挥了举足轻重的作用，在规划布局、产业支持、市场监管、财税补贴等多个方面发挥职能作用，有力地推动了盐城充电设施的建设发展。但充电设施与新能源电动汽车发展不协调、充电设施利用率不高等问题仍然存在。

面对"十四五"生态文明建设的新形势、新特点、新任务，盐城需要进一步打造低碳城市形象，使政府发挥更加积极有力的作用，推动多方主体协同，共同为充电设施建设提供助力，优化新能源充电设施布局，推动新能源电动汽车与充电设施建设之间的相互促进，为新能源汽车产业发展给予保障，积极探索碳达峰、碳中和实现路径，从而坚决扛起"勇当沿海地区高质量发展排头兵"的责任担当，在践行"两山"理念推动绿色转型上做好示范引领，展现"国际湿地、沿海绿城"的生态魅力、发展活力。

第一节　盐城市新能源汽车充电桩建设政府职能现状

（一）政治职能

一是建立配套政策体系，系统规划发展方向。近年来，新能源汽车被盐城市作为实现汽车产业转型升级的切入点。基于当地汽车产业优势，推动新能源汽车加速发展，是现阶段政府的重要战略部署，充电设施的建设是其中重要一环。在政策制定方面，盐城市政府围绕配套充电设施先后确定了《盐城市电动汽车充电设施专项规划（2018—2020年）》《盐城市"十四五"综合交通运输发展规划》《盐城市新能源汽车充电设施布局十四五规划》，为配套充电设施建设确立了明确的目标。通过一系列的政策体系，构建充电设施网络体系，打造充电智能服务平台，创新充电设施发展模式，提升服务支撑保障能力，建成布局合理、覆盖广泛、互联互通、智能高效的充电设施服务网络。

二是落实相关主体责任，推动充电设施建设。地方政府相关部门承担充电设施建设的统筹推进的职责，把管理和规划充电设施建设当成一项重要的政府工作。从内部来说，政府在行政机关中以能源部门为主，其他部门共同配合推进，完善职责体系，鼓励各县域政府制定辖区内的充电设施发展规划。从外部来说，明确相关方的主体责任，如电力企业保障充电设施用电的责任，高速公路服务区建设配套充电桩的责任，物业服务企业配合业主建桩申请等，通过各相关方责任的落实推动充电设施建设的全面发展。

（二）经济职能

一是发挥市场的主导作用，推广合作共赢模式。政府加大财政支持，建立符合现实的定价机制等，吸引更多社会资本参与建设和运营充电服务设施。鼓励经营者创新充电服务合作模式，获得客观的经济、社会效益，实现长远健康的持续发展。

二是采用财政补贴建设，提供资金支持发展。由政府财政部门对在盐城投资建设，通过验收并对社会运营，已接入市级新能源平台的充换电设施、集中式充换电示范站、充电设施示范小区给予财政补贴。如在《2017年盐城市新能源汽车推广应用财政补贴实施细则》中明确，对充电设施建设补助标准为交流充电桩每千瓦200元、直流充电桩每千瓦300元，单个充电站或充电桩群的补助总额不超过50万元。

（三）社会职能

一是统一信息管理平台，更好地服务充电主体。2022年4月，盐城市新能源汽车充（换）电设施运行监测平台上线，该平台由盐城市新能源汽车推广应用领导小组办公室管理，委托盐城供电公司建设运营。平台侧重于充电设施接入管理、数据采集、运营商监管，可提供定时分析、优化管理、统计分析、跟踪监测等服务功能，以此推进全市充电设施信息互联互通。数据的科学监测管理也为盐城新能源汽车、充电桩布局提供了技术依据和决策支持。5月，江苏省盐城市新能源汽车推广应用领导小组办公室正式出台《盐城市新能源汽车充（换）电设施运行监测平台管理办法》，统一布局新能源汽车充换电基础设施建设和运营，实现了车主、运营商和供电部门的三赢。

二是发挥政府文化职能，开展宣传推广工作。利用广播电视等显示设施与多媒体设备等加大宣传推广力度，努力推动公民树立能源绿色发展的理念，认同新能源汽车的优势，了解盐城市充电设施的建设运营情况，加强对新能源汽车充电便利性的信心，提高购买新能源汽车的意愿。

第二节　盐城新能源汽车充电桩建设存在的问题分析

（一）充电设施布局尚有优化空间

从2015年开始，政府逐步推进充电设施建设，但是规划是阶段性进行的，缺乏全局的预见性规划，而城市在不断发展，充电需求在不断变化，这就造成总体布局不合理、商业核心区域充电供不应求、偏远地区的一些集中式充电设施的闲置率较高。部分建造较早的充电站，内部充电桩密度偏低，造成用地和管理成本的浪费；部分核心地区的充电桩采用交流慢充模式，导致充电时间较长、利用率低。

政府统筹规划的调整跟不上充电设施建设的快速发展是造成新能源汽车充电设施的布局与发展现状不匹配的主要原因。从政府职能角度，发展规划应适度超前，充电设施建设的发展初具规模之后，建设重心必然将有所调整，而政府规划的周期长、基础工作繁多导致规划不匹配发展要求的问题。政府需充分利用大数据分析处理平台全面真实地掌握充电设施的现状和发展要求，及时调整规划和发展策略。

（二）政府公共服务职能发挥不足

一是运营管理监管相对滞后。截至 2021 年年底，全市充电桩保有量 8015 根，其中公共桩 3118 台、私人桩 4897 台，目前盐城约建设有 2 万台充电桩，车桩比 2.35∶1，略好于全国的 2.5∶1。根据主流充电桩运营商数据统计知，目前盐城公共桩约为 3200 台，仅达到了 2021 年年底的数量，可见充电桩运营管理并未追上其建设及新能源汽车应用的速度。随着充电设施的建设发展，不断出现新的公共服务需求是造成问题的直接原因，政府需充分预见可能发生的问题，及早对提供的公共服务本身进行调整。

二是信息监测平台功能未充分发挥。盐城供电公司充（换）电设施监管平台虽已上线，进一步规范了盐城新能源汽车充（换）电设施的建设运营，将推动散落充电桩信息的互联互通，但并未对应用端的用户充分开放，未能完全打通不同充电运营商平台之间的壁垒，用户仍需在不同平台 App 之间切换。对于信息化平台接入数据不足、功能未充分发挥的问题，政府对于数据收集的举措不够有力，未能充分吸收专用桩用户接入平台，对私桩共享、数据分析等的实施造成阻碍。

（三）资源调配职能发挥不足

一是私桩共享模式推进不足。针对新建设的小区，可提前对其进行充电桩的布局与规划，但老小区却出于各种原因，很难甚至无法承载更多私桩，影响居住者购买新能源汽车。在全国范围内私人充电桩的使用率低是普遍存在的问题，其作为当下较为常见的一种充电商业模式，具有较大的市场潜力。共享私桩可在一定程度上填补公共充电桩的不足，极大地提升公共充电网的效率，同时还可以减少对土地资源的占用，实现电网增容的目的，推动新能源汽车的普及。盐城市私桩共享的推进较缓，且受到进出小区难、费用标准不清晰等共性问题制约，政府在明确物业相关原则、规范服务电价等方面的举措不清晰，导致推进私桩共享的进展不理想。政府应积极协调充电设施资源包括私人充电桩进入市场，将其作为公共充电桩的重要补充，提高公共充电网的效率，改善充电难的问题。

二是公路沿线充电设施建设不足。当前，长途驾驶充电难是影响新能源汽车发展规模的重要因素之一。公路沿线充电设施建设是解决新能源汽车充电难题的重要一环。对比国内较为先进的地区，苏沪杭现已基本完成城市之间的充电网络的搭建，京沪、青银、京港澳等高速公路的省际充电网也已基本建成，盐城在市内高速公路服务区快速充电网络建设上与上述城市尚有一定差距。盐城市内高速公路新能源汽车充电难的因素主要有几个方面：一是充电时长和布局不合理导致部分高速公路充电桩拥挤时段供不应求，需要车主长时间排队，耗时过长；二是特殊情况下，如节假日高速公路长时间堵车，导致纯电动汽车无法充电，电量耗尽。公路沿线充电难的问题因其地理位置的特殊性大多与用地、配套供电等资源性因素相关，需要政府履行资源调配职责，解决用地、配套供电等资源问题，有序推动公路沿线充电设施建设。

（四）充电设施发展的科技研发和宣传引导不足

盐城市对于充电设施的科学研发成果较为缺少，近年来落地的充电设施项目通过招标采购的均为技术比较成熟的设备，政府对于符合盐城实际的充电设施与在盐城快速发展的分布式新能源、智能交通融合发展等及技术的研发和推广力度不足，缺乏对无线充电、移动充电等新型充换电技术及装备的研发。特别是对于移动充电装置的研发和推广，能极大地解决特殊情况下充电拥挤的问题，是政府交通部门面对节假日高速拥堵等情况下的有效应急措施，当前在盐城市的推广还不够广泛。新能源汽车充电设备的技术仍在高速发展中，作为政府职能的一部分，在科研投入上既要考虑产投比等现实利益，也要具备新技术引领产业转型发展的战略眼光。

因宣传引导不足，政府对充电设施建设的规划、政策支持、服务保障等推动充电设施建设发展的一系列举措尚未被社会广泛获悉，充电设施建设和运营需要更多的社会资本，新能源汽车的推广需要更多的消费者建立对便捷充电的信心。对充电设施建设发展宣传引导不足的主要原因在于政府宣传媒介的覆盖面不足，对于社会资本和新能源汽车潜在消费对象等目标群体的甄别不够精密，导致宣传引导的效果不好。

第三节　盐城充电设施建设中政府职能发挥的对策建议

（一）加强全局统筹规划，合理适量建设设施

由于新能源汽车充电设施的建设覆盖面广、涉及因素较多，政府作为规划的主导要布局长远，因地制宜地规划全市区域内的建设方案，全面综合城市整体发展水平与需求，结合土地利用策略和国民经济和社会发展规划，有前瞻性地开展规划布局。一是适时完善充电设施城市规划。加强全局统筹规划，定期跟踪盐城新能源汽车保有量、充电桩建设数量及大体分布，根据充电需求与充电桩数量，合理、适量规划充电桩，保证既能满足使用需求，又不过度建设。二是继续细化发展规划具体要求。如明确高速公路主干服务区充电桩的充电方式和功率标准，解决服务区充电速度慢、效率低的问题；优化独立占地的充电设施布局，以此来保证各类建筑物配建停车场、社会公共停车场的充电设施建设比例与安装要求相符。三是调整充电站重点建设模式。将建设重点由初始的建设数量、覆盖范围，向高效、经济的新方向转变，利用集中式充电站成本降低、监控管理集约和设备维护便利等优势，建议由分散式充电桩群逐步转向建设以快充为主的集中式充电站。鼓励充电设施建设运营企业将适宜的闲置场地实施改造后建设集中式充电站，降低运营成本，提高盈利率。

（二）加强公共服务职能，拓展信息平台功能

整合全市充电基础设施建设运营企业充电服务平台信息资源，拓展市级充电信息统一服务管理平台功能，实现对全市范围充电设施的集中管理、有效监控。通过实时充电信息平台的建设，实现充电桩分布、使用情况、设备状态等数据及信息的实时共享，方便新能源汽车车主查询空闲充电设施；完成充电桩使用数据记录，形成各区域历史数据库，并充分挖掘数据，判断充电站忙碌、闲置状态，根据充电桩实际使用频次，指导区域充电设置的布局与建设；通过数据分析功能和任务调度模块，对多种大量的业务数据进行统计分析和挖掘分析，为车辆监管、行业管理公众服务、可视化应用系统提供数据支撑。

通过统一的充电设施监管服务平台的建设，可有效管理充电设施行业的发

展，将充电设施的建设推广从开始的粗放型建设，逐渐转为有序建设、优化运营的发展路径。政府信息管理部门应加快落实"互联网+充电设施"，切实提升充电服务的智能化水平，在提高整体运营效率的同时，还能为用户带来更好的体验，保证电动汽车与智能电网之间形成高效的信息互动和共享。鼓励企业根据用户需求变化，充分发挥现代科技的作用，优化升级用户的服务类型和内容，比如充电导航、预约、结算以及状态查询等，为平台提供更大的发展活力，实现业务价值的快速增长。

（三）发挥资源调配职能，探索私桩共享模式

针对解决私人充电桩使用效率偏低的问题，政府应鼓励推广居民小区多车一桩模式，提高资源利用率，探索布局私桩共享模式。借鉴北京等先行城市成功经验，在盐城市私人充电桩布局的实际情况的基础上，推动自用充电桩共享利用，提高资源利用率。

政府应鼓励充电设施、电动汽车及第三方平台等企业与自用充电桩产权人达成协议。针对外来车辆难以进入小区充电，停车位、停车费等一系列制约私桩共享发展的问题，应明确相关规定，并通过规范程序打破充电 App 中可共享的私桩与小区物业信息之间的数据壁垒，提高信息化水平。

共享私桩，作为公共充电桩的重要补充，其不仅可以提升公共充电网的效率，减少不必要的土地资源消耗，还能显著扩大充电网的容量，为新能源汽车的普及打下扎实基础。尤其在私桩共享规模不断扩大之后，电网负载大大减轻，物业压力也能得到有效的缓解，政府应为私桩共享提供更多的资源和政策支持。

（四）加强充电设施发展的科技研发、宣传引导

支持关键技术研发。政府发挥支持科技发展的职能，在盐城市新能源转型的科研项目中，推动依托示范项目，不断探索与盐城实际情况相符的充电设施与分布式可再生能源、智能交通协同发展的技术方案，积极研发核心技术，如检测认证、安全防护、无人值守自助式服务以及桩群协同控制等。鼓励企业加快研发高功率密度、高转换效率、高适用性的装备和技术。

加强宣传引导，充分发挥政府的文化职能，丰富政策宣传路径，广泛普及

充电设施的建设价值,以吸引潜在的社会资本参与建设与运营,持续扩大新能源汽车市场规模。做好舆论把控工作,在第一时间内曝光不利于充电设施建设、损害消费者合法权益的行为,共同创设风清气正的社会氛围。

参 考 文 献

[1]叶佳乐,周丰婕. 新能源汽车产业的发展探究[J]. 交通节能与环保,2023(5): 7-10.

[2]张夕勇. 新能源汽车产业未来十大发展趋势[J]. 创新世界周刊,2023（8）: 42,6.

[3]田慧芳. 全球新能源汽车产业的发展动向、挑战与启示[J]. 中国发展观察, 2023（6）：12-17.

[4]朱静秋. 新能源汽车的发展前景展望[J]. 时代汽车,2021（19）：103-104.

[5]Bharathidasan M,Indragandhi V,Suresh V,et al. A review on electric vehicle: Technologies, energy trading, and cyber security[J]. Energy Reports, 2022（8）: 9662-9685.

[6]Mo T, Li Y, Lau K T, et al. Trends and emerging technologies for the development of electric vehicles[J]. Energies, 2022（15/16/17）: 6271.

[7]Kosuru V S,Kavasseri Venkitaraman A. Trends and challenges in electric vehicle motor drivelines-A review[J]. International journal of electrical and computer engineering systems, 2023（14）: 485-495.

[8]Lipu M S,Mamun A A,Ansari S,et al. Battery management, key technologies, methods, issues, and future trends of electric vehicles: A pathway toward achieving sustainable development goals[J]. Batteries, 2022（8/9）: 119.

[9]Bajolle H,Lagadic M,Louvet N. The future of lithium-ion batteries: Exploring expert conceptions, market trends, and price scenarios[J]. Energy Research & Social Science, 2022（93）: 102850.

[10]吴崇伯,吴雨禾. 日本新能源汽车产业发展：现状、问题与战略调整[J]. 现代日本经济,2023,42（2）：39-54.

[11]季喜军. 低碳经济下我国新能源汽车产业全新布局需求与发展走势探讨[J]. 时代汽车，2023（20）：124-126.

[12]刘坚，李海. 我国新能源汽车产业发展的挑战和政策建议[J]. 中国能源，2022，44（8）：7-11.

[13]陈琦. 新能源汽车产业高歌猛进，售后服务迎接机遇与挑战[J]. 汽车与配件，2022（22）：31-32.

[14]张业佳. 中国新能源汽车的"优"与"忧"：中国新能源汽车产业发展现状与建议[J]. 智能网联汽车，2023（5）：64-67.

[15]倪书存. 中国新能源汽车产业发展问题研究[J]. 科技与创新，2023（5）：179-181.

[16]中国汽车技术研究中心，日产（中国）投资有限公司，东风汽车有限公司. 中国新能源汽车产业发展报告（2019）[M]. 北京：社会科学文献出版社，2019.

[17]中国汽车技术研究中心，日产（中国）投资有限公司，东风汽车有限公司. 中国新能源汽车产业发展报告（2020）[M]. 北京：社会科学文献出版社，2020.

[18]中国汽车技术研究中心，日产（中国）投资有限公司，东风汽车有限公司. 中国新能源汽车产业发展报告（2021）[M]. 北京：社会科学文献出版社，2021.

[19]中国汽车技术研究中心，日产（中国）投资有限公司，东风汽车有限公司. 中国新能源汽车产业发展报告（2022）[M]. 北京：社会科学文献出版社，2022.

[20]王明赫. 我国新能源汽车产业政策研究[D]. 长春：吉林大学，2023.

[21]彭华. 中国新能源汽车产业发展及空间布局研究[D]. 长春：吉林大学，2020.

[22]王彩娜. 老兵PK新秀：新能源汽车产量第一城悬念再起[N]. 中国经济时报，2023-10-18（3）.

[23]崔璨. 竞逐新能源汽车"第一城"[N]. 南方日报，2023-08-21（A04）.

[24]雷媛媛. 西安新能源汽车产业发展现状与对策研究[J]. 现代工业经济和信

息化，2023，13（9）：73-74.

[25]郭晨. 合肥：加速成为"全球新能源汽车产业重要聚集地"[N]. 经济参考报，2023-10-27（5）.

[26]杨馨，廖连莹，陈乐乐. 基于创新生态系统的常州新能源汽车产业发展研究[J]. 常州工学院学报，2023，36（3）：79-84.

[27]黄洪涛. 江苏常州"新能源之都"建设持续升温[N]. 工人日报，2023-09-12（4）.

[28]王涛. 青岛加速布局动力电池：为新能源汽车造"心"[N]. 青岛日报，2023-10-17（3）.

[29]李莲靖，张天，潘家新. 广西汽车产业创新发展现状、问题与对策[J]. 广西经济，2022，40（5）：30-39.

[30]张蓓. 柳州新能源汽车产业国际化发展的路径研究[J]. 中国市场，2021（17）：50-51，76.

[31]吴文劲. 绿色转型升级背景下湖北新能源汽车产业链发展分析[J]. 湖北社会科学，2023（6）：66-72.

[32]王明月. 新能源汽车产业市场分析[J]. 合作经济与科技，2023（11）：86-87.

[33]俞跃，夏志勤. 新能源汽车产业链中核心行业研究：以锂电池行业为例[J]. 全国流通经济，2022（32）：7-10.

[34]张颖. 新能源汽车产业竞争点前移至关键材料[J]. 汽车与配件，2023（6）：4.

[35]陆柏生，刘憬奇. 2023 年新能源汽车产业报告：驱动电机及控制系统[J]. 电器工业，2023（4）：14-18.

[36] 工业和信息化部装备工业发展中心，北京国能赢创能源信息技术有限公司，《节能与新能源汽车年鉴》编制办公室. 节能与新能源汽车年鉴 2019[M]. 北京：中国铁道出版社有限公司，2019.

[37] 工业和信息化部装备工业发展中心，北京国能赢创能源信息技术有限公司，《节能与新能源汽车年鉴》编制办公室. 节能与新能源汽车年鉴 2020[M]. 北京：中国铁道出版社有限公司，2020.

[38] 工业和信息化部装备工业发展中心，北京国能赢创能源信息技术有限公司，《节能与新能源汽车年鉴》编制办公室. 节能与新能源汽车年鉴 2021[M].

北京：中国铁道出版社有限公司，2021.

[39] 工业和信息化部装备工业发展中心，北京国能赢创能源信息技术有限公司，《节能与新能源汽车年鉴》编制办公室. 节能与新能源汽车年鉴 2022[M]. 北京：中国铁道出版社，2022.

[40] 唐涛. 盐城新能源汽车产业及油电混合站建设研究[J]. 时代汽车，2023（12）：132-134.

[41] 姜国刚，冯豆. 江苏省新能源汽车产业竞争力评价研究[J]. 经营与管理，2023（9）：179-186.

[42] 樊登柱，张秋健，胡徜硕，等. 南通及周边地区新能源汽车产业链比较研究[J]. 汽车实用技术，2018（9）：11-14.

[43] 中国汽车工业协会. 中国新能源汽车市场化发展对策研究报告[M]. 北京：机械工业出版社，2022.

[44] 韩江波，李超. 新兴产业高质量发展的路径创新与政策研究：以新能源汽车产业为例[J]. 生态经济，2023，39（6）：61-71.

[45] 金筱燕，徐乐天扬，彭世珍，等. 产业结构视角下中国新能源汽车高质量发展路径[J]. 汽车与新动力，2023，6（2）：1-4.

[46] 杨帅. 我国新能源汽车产业各领域发展情况及产业链完善建议研究[J]. 汽车工艺师，2023（4）：25-29.

[47] 耿瑞霞，周绍杰. 有为政府促进有效市场：新能源汽车产业的实践经验[J]. 金融市场研究，2023（2）：15-27.

[48] 孙俊杰. 新能源汽车新型产业生态链构建路径[J]. 时代汽车，2022（24）：115-117.

[49] 陈安柱，郭丹丹，刘洋. 盐城新能源汽车动力电池地标产业集群发展路径研究[J]. 时代汽车，2022（15）：112-114.

[50] 周伶俐，高岩. 江苏常州新能源汽车产业竞争力提升对策研究[J]. 河北企业，2022（12）：77-79.

[51] 邱冰妍，程宗浩，周锦成，等. 粤港澳大湾区新能源汽车产业链布局分析及存在的问题探讨[J]. 时代汽车，2023（20）：117-119.

[52] 李长升. 产业链视角下新能源汽车产业关键企业竞争优势分析[J]. 现代工

业经济和信息化，2023，13（8）：215-217，220.

[53]谢乐琼，高爽，何向明. 电池产业链人才需求趋势分析[J]. 电池工业，2023，27（1）：43-47.

[54]朱双春，陈继永，曹莹，等. 高职新能源汽车技术专业人才培养路径研究[J]. 时代汽车，2023（2）：46-48.

[55]雷学平，冯荷兰，丁才成. 苏锡常产业集群发展现状与高职教育应对策略研究[J]. 常州信息职业技术学院学报，2023，22（3）：10-15.

[56]李浩. "双高"背景下高职新能源汽车产业学院建设举措探索：以商丘福田新能源汽车产业学院为例[J]. 广西职业技术学院学报，2023，16（2）：88-94.

[57]康爱平. 高职汽车相关专业应对新能源汽车产业发展的措施分析[J]. 时代汽车，2023（6）：115-117.

[58]张鹏飞. 产业集群背景下新能源汽车专业人才培养策略研究[J]. 内燃机与配件，2023（4）：118-120.

[59]李盛福，甘礼宜，张忠其，等. 基于区域新能源汽车产业的校企共建实训基地运行机制探究[J]. 时代汽车，2022（23）：49-51.

[60]节能与新能源汽车技术路线图战略咨询委员会，中国汽车工程学会. 节能与新能源汽车技术路线图2.0[M]. 北京：机械工业出版社，2021.

[61]崔胜民. 新能源汽车技术解析[M]. 北京：化学工业出版社，2016.

[62]崔胜民. 一本书读懂新能源汽车[M]. 北京：化学工业出版社，2019.

[63]洪吉超，梁峰伟，杨京松，等. 新能源汽车产业及其技术发展现状与展望[J]. 科技导报，2023，41（5）：49-59.

[64]李瑞中. 新能源汽车产业的技术创新与市场培育探究[J]. 时代汽车，2023（16）：105-107.

[65]杨艳伟，于小宁. 新能源汽车动力电池产业发展特点与趋势分析[J]. 时代汽车，2023（17）：104-106.

[66]洪月琼，洪海杉，李连豹，等. 固态电池研究及发展现状[J]. 小型内燃机与车辆技术，2023，52（3）：80-85.

[67]王青贵，朱鑫，王天华，等. 钠离子电池发展现状[J]. 时代汽车，2023（12）：

129-131.

[68]兰鹏宇. 新能源汽车扁线电机技术分析[J]. 内燃机与配件，2022（6）：212-214.

[69]汪绍轩. 我国新能源汽车产业供应链分析[J]. 中国储运，2023（9）：79-80.

[70]张宝花. 基于产业集聚的园区招商模式优化研究：以广东省中山市为例[J]. 商展经济，2023（18）：143-146.

[71]彭波，殷鹏程. "双循环"新发展格局下如何招商引资[J]. 群言，2023（9）：19-21.

[72]杨莉. 关于完善林州市招商引资工作机制研究[J]. 财讯，2023（14）：40-42.

[73]刘渺然，翟旭亮，吕宁，等. 动力电池集成关键技术研究现状及展望[J]. 汽车文摘，2023（4）：1-6.

[74]秦聪. 电动车系统应用的线缆与连接器[J]. 中国汽车界,2010(23):118-119.

[75]田雪晴,张庆玲,赤玉竹. 中国新能源汽车购买意愿研究文献的综合分析[J]. 中国集体经济，2020（21）：78-81.

[76]梁哲源，乐为. 财税政策、技术进步、消费者偏好对新能源汽车产业发展的影响[J]. 金融与经济，2022（11）：56-65.

[77]徐领，王思. 消费者购买新能源汽车的影响因素分析[J]. 汽车实用技术，2023，48（14）：33-36.

[78]李晓银. 消费者新能源汽车购买意愿分析[J]. 中国市场，2023(4):112-114.

[79]杨珂欣，张奇，余乐安，等. 基于消费者价值观和有限理性的新能源汽车购买意愿与助推政策研究[J]. 管理评论，2023，35（1）：146-158.

[80]陈剑峰. 消费者感知价值因素对购买意愿影响的实证研究：以新能源汽车为例[J]. 中阿科技论坛（中英文），2022（10）：76-81.

[81]董婷. 郑州市新能源汽车购买意愿的影响因素[J]. 汽车实用技术，2022，47（6）：171-175.

[82]张延法，徐磊，赵爱琴，等. 消费者品牌知识能否提升新能源汽车的购买意愿：基于双路径的调节导向研究[J]. 现代营销（学苑版），2022（1）：89-93.

[83]徐西岳，肖建成. 新能源汽车充电设施发展思考[J]. 中国电力企业管理，2023（24）：68-69.

[84]欧阳明高. 构建高质量充电基础设施体系 支撑新能源汽车高质量发展[J]. 经营管理者，2023（7）：30-31.

[85]张罗平,王国灿. 新能源汽车产业充电难问题分析与解决办法[J]. 中国电力企业管理，2023（1）：63-64.

[86]周进，王涛. 新能源汽车充电桩现状分析[J]. 中国计量，2023（7）：56-58，65.

[87]蒋迪，黎家卫，李欢. 贺州市充电基础设施布局规划思路与方法[J]. 广西城镇建设，2023（9）：36-42.

[88]苏鹏. 城市电动汽车充电设施规划研究[D]. 济南：山东大学，2020.

[89]苗坤坤. 北京市电动汽车基础设施商业模式创新研究[D]. 北京：北京交通大学，2016.

[90]叶震霄. 成都市新能源汽车数字化监管问题及对策研究[D]. 成都：电子科技大学，2022.

[91]方毅，魏伟，叶利. 建设4112信息平台 助力新能源汽车产业发展：湖北省电动汽车充电设施质量监管服务平台建设实例[J]. 中国计量，2023（7）：59-61，78.

[92]黄向杰. 小区零散充电桩共享服务模式分析[J]. 大众用电，2023，38（4）：38-39.

[93]邵卜琳娜，施文杰，毕炯伟，等. "新基建"背景下共享充电桩运营模式[J]. 农村电气化，2020（8）：17-19.

后　　记

近年来，新能源汽车的快速发展不仅在产业上推动科技创新和产业升级，也在城市发展上促进了城市能源转型和可持续发展。作为新能源领域强势崛起的代表城市之一，盐城在光伏、风电、储能及动力电池等领域表现出色，但作为本地传统支柱产业的汽车产业的发展却显得滞后。我们有感于此，决定开展盐城新能源汽车产业方面的课题研究，研究成果试图全面呈现盐城新能源汽车产业在产业布局、区位优势、生态环境、应用推广等方面的现状，为读者提供一个翔实的产业发展画面，并为相关决策者提供一些建议和思路。如果能对盐城新能源汽车产业的持续健康发展具有借鉴和参考意义，我们将倍感欣慰。由于编者水平有限，书中难免有不足和缺失，敬请读者批评指正。

作为项目负责人，我负责了整体规划、提纲拟定、框架设计、观点修正、学术把关和统稿审稿等全面和核心的研究工作。此外，特别感谢盐城市社科联党组书记、主席李晓奇先生对本书全文进行审定并提炼书名。企业调研过程中，得到了江苏悦达汽车集团有限公司、盐城弗迪电池有限公司、蜂巢能源科技（盐城）有限公司、捷威动力工业江苏有限公司等企业以及盐城工学院、盐城技师学院等兄弟院校给予的大力支持。撰写过程中得到了盐城师范学院江苏沿海发展智库郝宏桂教授、盐城师范学院中韩（盐城）产业园创新发展研究院寇铮博士、盐城工学院盐城产业经济研究院蔡建华教授、盐城市金融研究院顾问黄国标教授的指导，在此一并表示诚挚的感谢！

邵从清

2023 年 6 月 18 日